本书列入"十二五"国家重点图书出版规划

北大高等教育文库

• 大学之道丛书 •

THE UNIVERSITY IN A CORPORATE CULTURE

公司文化中的大学

大学如何应对市场化压力

[美] 埃里克·古尔德（Eric Gould）著

吕博 张鹿 译

北京大学出版社
PEKING UNIVERSITY PRESS

著作权合同登记号　图字:01-2004-5067

图书在版编目(CIP)数据

公司文化中的大学:大学如何应对市场化压力/(美)古尔德(Gould,E.)著;吕博,张鹿译.—北京:北京大学出版社,2015.10

(北大高等教育文库·大学之道丛书)

ISBN 978-7-301-23634-5

Ⅰ.①公…　Ⅱ.①古…　②吕…　③张…　Ⅲ.①高等教育—研究—美国　Ⅳ.①G649.712

中国版本图书馆 CIP 数据核字(2013)第 308857 号

书　　名　公司文化中的大学:大学如何应对市场化压力
GONGSI WENHUA ZHONG DE DAXUE:
DAXUE RUHE YINGDUI SHICHANGHUA YALI

著作责任者　[美]埃里克·古尔德　著　吕　博　张　鹿　译

丛书策划　周雁翎

责任编辑　刘　军

标准书号　ISBN 978-7-301-23634-5

出版发行　北京大学出版社

地　　址　北京市海淀区成府路 205 号　100871

网　　址　http://www.pup.cn

电子信箱　zyl@pup.pku.edu.cn　　新浪微博:@北京大学出版社

电　　话　邮购部 62752015　发行部 62750672　编辑部 62767346

印 刷 者　三河市北燕印装有限公司

经 销 者　新华书店

650 毫米×980 毫米　16 开本　15.25 印张　212 千字

2015 年 10 月第 1 版　2015 年 10 月第 1 次印刷

定　　价　40.00 元

前　言

一百多年来，随着19世纪后期新工业经济的兴起，美国的高等教育发展成为日益复杂的资本主义市场经济。本书所探讨的正是这种教育市场对民主教育理想的形成以及对知识更新和发展所起的促进作用。书中实际讨论的范围并没有这里所说的这么宽泛，因为本书想要探讨的重点并非新技术的影响和技术科学的发展，也不在于大学里那些得到资助的研究项目复杂的政治背景。这些问题已经在其他论著里得到充分的讨论。[1]我所注重的细节，正如索尔斯坦·维布伦(Thorstein Veblen)1918年很有预见性地提到的那样，是大学如何变成了一个"学习的公司"。我尤为感兴趣的是大学的经济、政治，以及庞杂的架构，怎样影响了知识的本质，市场经济究竟对教学中有价值的东西产生了怎样不同寻常的影响。

公司及政府政治与大学之间通过研究经费的提供和其他特殊的相互关系形成的联系，可用以进行相对客观的分析。更难以察觉而又同等重要的是，市场经济对我们界定通识文理科目(liberal arts and sciences)也产生了影响，尤其是对本科阶段的教育影响更大。长期以来，这种界定存在于通识教育(liberal education)领域。各大学在文理各学科中只是提供综合的介绍性"样板"教育，同时辅之以适量的素质教育和人文主义理论教育。做到这些也许已经足够了，但我们现在已经不再能够以课程分配来满足通识教育的需要。本书对现代大学中通识教育的霸权地位不做任何推断，也不轻易定义通识教育或综合教育，而是主要探讨美国大学的市场经济如何强有力地向通识文科学科的权威性发起了挑战，同时也要探讨我们可以如何修正通识教育的一些基本原则，开发出更强大、更连贯的大学阶段的**民主通识教育**体系。笔者所从事的研究，旨在说明大学文化的市场效应及其对知识体系发展的影响，同时近距离观察通识教育体系及其多年来的发展历程。本书不同于其他一些对大学提出批评的著作，致力于能对高等教育的实力政策产生一点影响，同时也不假设美国大学文化的市场性质将会改变。

在过去的一个世纪里，在多元化的高等教育的市场文化中演化出一种复杂而颇具雄心的公众使命，教育界的政策制订者们至今仍在关注并探索其重要性的先后排序。或许我们今天通过探讨大学的社会使命最能了解这方面的情况。大学常提的信念就是要使大学里的所有行为都有公众责任感，无论是研究，还是综合教育、公民教育、专业教育，都要同公众利益有机地结合。文理各科系都要部分承担民主教育的任务，即复制并传播形成自由民主政治(liberal democracy)的社会、学术、文化及政治理念。这对我来讲是一个新的起点，从这里我们或许可以发展出一种新的大学理念，能够将文理科教育所能提供的最好的东西与社会理想主义和关注社会公正结合起来。

由于大学内部知识开发和外部压力所引发的种种原因，现代美国大学变成极其矛盾的文化机构，甚至对"文化"一词也产生了很多疑问。这种以学习为产品的公司，在管理、公共关系、知识体系开发等方面，都逐步形成了影响深广的公司式的效率机制。它既是专业培训机构，又致力于学术研究，它是全世界众多伟大的科研人员、学者和教师的家。现代美国大学的复杂性令人望而生畏，其塑造社会理想、产生新知识的力量又是非凡的。然而美国大学的市场文化在很多方面都有问题，因为它明显地倾向于具有交易价值的知识，而不是具有象征意义和文化价值的知识。它支持竞争，支持创业思维，但却没有为高质量教育铺设坦途。高等教育的经济前景，不论是对其机构还是客户，都有点麻烦。另外，美国人正为高等教育的使命不包括整合社会与学术理想而苦苦挣扎。我们对当代大学没有确切的概念，在与其他更大的商业化市场的关系中，我们采用了更创新，而不是理论性的路径来自我定义。我们太过轻易地说出了为社会服务，却没有强有力的理论基础来说明我们所指的服务意味着什么，我们试图塑造怎样的世界，或者在调解对资本主义的广泛不满时，我们的使命是什么。

当代美国大学面临的核心挑战是如何创造性地应对来自艺术、人文、社会和自然科学各学科的市场压力。当然其他作者也曾这样说过,曾提议我们超越公司大学的概念,或者将大学分解开,创造真正的高等教育。[2]但大学仍将继续在市场文化中发挥作用,不会放缓对技术科学中重要知识的探求,大学里庞大的官僚机构也不会比公司简单,学生们不会放弃为了工作而追求学分,在学费方面遇到的问题也不会更少。以课程为基础的文、理科知识的专业性不会降低,在一个有交易价值的知识比有象征意义的知识更受重视的市场中,人们不会再回到旧有的观念中,不会简单地认为通识教育本身就值得追求。在调解民主与市场文化间日益明显的矛盾时,对大学作用的要求不会变少。但以上种种并不是说我们无法找到大学在这种文化状态中更令人信服的做法,也不是说我们不能重新考虑我们所指的通识教育和民主教育。我的论点是说,如果我们不为教育的种种使命排出优先顺序,不对什么是民主教育建立坚定的认识,大学就会在其自身企业本能的重压下产生内爆。

本书就是讨论教育理想和市场动力间的相互作用,在定义美国现代大学时对本科教育予以特别关注,因为这是所有教育企业中最理论化的部分。本书的论述结构如下:第一章提出大学的复合使命,并阐述了优先提出这一问题的理由,通识教育在完成这一使命时遇到的问题,以及市场的力量对教育价值的影响。第二章详细说明高等教育的市场文化,包括学历制度、财务状况和商业实例,以及不民主的公共效应和对学生学习的影响。第三章解释了现代美国大学作为一种学习公司的发展,探索了其商业型文化的历史和内涵,以及这种文化对知识作为商品和资本的矛盾本质产生什么样的影响。第四章探讨大学的公司文化对教职员工的影响,即对学术自由的威胁和对现代大学中劳动力基本分配的影响。这些威胁和影响不仅改变教职员的工作,同时也引起了教职员工的许多焦虑。针对这一推动现代大学政治的市场化思考背景,第五章回顾了通识教育理想自古希腊以来直到现在的发展,在此基础上探寻一种如何在市场文化中评价知识学习与人文学习的理论。为此笔者对各种有关知识的传统观念进行了比较,如论证和雄辩的重要性,以及对知识本身的关注等等。随后,本书第六章在回顾通识教育理念历史的基础上,介绍了由约翰·杜威(John Dewey)提出后又被所谓“知识经济”的发言人放弃的“实用主义的人文主义”(pragmatic humanism),探讨了用实用主义观点解释相关概念的做法,如文化与社会,启蒙与现代性，功利知识和人文知识等。第七章“民主教育”是对笔者整个观点的总结，其中也揭示了通识教育在公司式大学里权利与知识的对垒中所受到的关注，这也正是对所谓民主教育的准确解释。

本书探讨了美国大学中长期存在的两种基本文化条件。第一即这种复合型使命是在市场体系中演化而成，并得到市场体系的支撑。大学间为生源和资金相互竞争，州政府和联邦政府插手帮助，同时创造零星的学术需求，但没有能够贯彻始终的国家控制，也没有统一制定的学术成果标准、学位质量控制、公信标准或学习评价体系。众多一流的高等教育机构，都在通过一些自我约束的途径实现自我支撑，但也引发了很多争论，大都与平等的标准和价值观有关。这一事实对民主教育的原则形成了全面、有力的挑战，即为民主的目的提供教育，并为所有想受到教育也有资格受到教育的人提供教育。

第二个形成本书论点的文化条件是高等教育极其复杂的社会使命。美国的高等教育可能在其管理系统内被深深地公司化了，而对知识的开发又以其可交换价值为先决条件。高等教育同时也要顾及做正确的公众事业，所谓正确的事就是支持美国式的生活方式，为大多数人提供教育，并坚持探索新知识。所有这些都被各大学称为最佳意向的巧妙说辞。我们真的在大学体系中尽最大努力推行民主了吗？很容易论证的是，学术方面的文化冲突与驱动任何资本主义形式的民主的矛盾同源，都是来自文化和社会之间、现代和传统之间、自由市场思想和社会公平之间的矛盾，以及在受支配的劳动力和愉快地参与工作的工人之间的矛盾。但是，如果上述矛盾都存在，怎样才能解决它们呢？

任何一本这类的书都必然具有政治性，原因很简单，尽管美国公众期望大学能够最大限度地服务于社会，但大家对美国大学应该保持的模式并没有完全一致的看法。很多理论家和学者发表著作，指出美国大学应该如何结合民主进程，以及如何吸收有关科学分类学习法的理论。很多人文学者向我们讲述人文学科的基本内容和我们需要学习的内容。大学是被赋予了调解功能和再生产任务的社会机构，综合了重要的公共知识。但问题是，抛开其他不论，学术自身已经具有难以调和的矛盾，也没有迹象表明大学的教师队伍比外界的学者更有效率。尽管如此，我们不得不正视这个问题，这就是，高等教育的文化就是从过去的矛盾和冲突中不断演化而来的，夹杂着富有渊源但相互冲突的想法,学术的专业性和公司的管理战略,表现在容易引起争论的社会关系和政治世界中,源于一种达尔文主义的市场文化。该怎么理解以上种种现象呢?

探讨这场广泛的文化思辨时,我还发现大学过于有意识并且想当然地将自己置身于某些作者声称的毁坏了的状态中。[3]大学的确有麻烦,笔者在本书中对此有很大篇幅的描述,从公司化到教职员队伍的专业化,如果不加约束都会产生不良后果。除此之外,如果我们以社会关系不确定和战略规划不清晰来定义"麻烦",那美国大学深陷麻烦之中已逾百年,正如全世界的大学所遇到的麻烦一样。大学的文化价值时起时伏,在最经意和最不经意时被高估或低估。毋庸置疑的另一点是,大学是所有社会机构中最过于理论化的,又是最缺乏资本的。能被定义为毁坏的可能只有一种,那就是假如过去大学曾经相当不同,并且比现在的大学好得多——但并没有研究能令人信服地证明这一点。相反,现有的大学体系不仅和早在杜威之前很久就出现了的通识教育务实的理想密切相关,而且还演化形成了自己的特色,依然能够很好地反映出大学在资本主义民主中的生存方式,以及随之而来的责任、愉悦和困难。

当然,正如有些教育批评所指出的那样,人不应该生活在资本主义民主中,或者即便人必须生活在资本主义民主中,至少高等教育院校不应该成为资本主义企业。后一种想法在我脑海中出现了不止一次,但我将它作为一种被赋予的结果,因为美国人生活在资本主义民主中并喜欢这种生活,而且他们喜欢自己的大学在原则上为实现全民民主做出贡献,并能调和资本主义的不足,所以高等教育院校实际上就是一个资本主义企业。至于学校将来不得不调整其资本主义方式以求得生存则另当别论。但我既不是在假设理想中我们应该占据另一个世界,也不是一个反面乌托邦的鼓吹者。我们应该拥有我们想要并应有的教育体系,但学术界应该为更好地解决社会问题和调节自身的文化矛盾而更改某些课程设置及教学方法。尽管我们也有一些认真的研究,但学术文化的理论化及传播并没有达到应有的程度,课程设置也没有形成体系。很多时候我们表现得几乎不了解大学的历史渊源,或其哲学根基。

取而代之的是,大学追求一种功利主义理性(utilitarian rationality),

辅以对企业家精神卓越程度的浮夸宣传,并以此来让公众信服它们是负责任、有竞争力的商业机构,它们所出售的知识是领先的。它们经常表现出文化价值观和认知理性能力似乎不是本科教育的真正重点,在生活中领先他人才是重点,并且还以此来争辩哪些课程应该一直在课程表中出现,文化战争尚未结束等等。大学政治试图在公众中制造噪音和困扰,使其在美国社会中的付出和索取很少展示出深层思想体系上的差别。从很多方面来看,思想体系如今唯一的依托是高等教育,因为在多元化文化的其他方面,我们正在消除所有的界限,也会有人说我们正竭尽全力在大学中消除这些界限。严肃的政治区别以一种复杂的方式存在于高等教育的中心,因为大学必须立即与资本主义、追求知识、维护社会公正以及学术自由相结合。

笔者在论证过程中,尽量避免走向左倾或右倾。在关于当代大学的争论中,只有在抛开对谁坐在国王和王后的左、右边的关注,转而关注他或她是否能很好地完成工作,以及究竟谁在数选票等问题时,这些辩论才最有意义。毕竟,不完全信任当权者是美国的惯例,缺少对教育政策及其实施过程的信任是大家的共通之处。现在很少有批评家或学者愿意去反对深植于美国教育体系中的民主冲动,这也是对的。现在关于高等教育平等使命的一些观点几乎被所有评论家所认可,民主和宪法权利被左派和右派以相同的热情强调。尽管我们在所有大学共同体表现出社会背景、种族、性别、政治观点和经济优势等方面的多样性之前,还有很长的路要走。

左派和右派对大学都有很多公开的批评,而他们通常关注的恰恰是同一件事,只是关注的角度有所不同罢了,比如高等院校在社会上的失败,其狭窄的专业领域,无法提供民主的教育等等。左派断定高等院校在社会上的失败源自过分的学院利润和市场导向的思维方式,右派认为这种失败是因为多元文化通识教育体系和社会政治体制的反映。一旦一方抛开虚夸的外衣而以学院文化为生,就会发现上述两种原因其实都存在。大学中还有一种复杂的怀旧政治学,因为高等院校都梦想着过去的好时光,想象着那时的学生更聪明,通识教育就是一切。正是这些怀旧的人文学者,经常发表动人的演说,坚持将人文学科作为中心,认为这是关于如何做人的根本。我对这种观点深表同情,但是,作为一名人文学者,我认为一个人因其在社会里有广泛的所有权,可能更希望富有创意，甚或有审美能力。例如，高等院校的很多科目既不属于艺术课，也不属于人文课，但仍然对人类的行为具有有益的启迪。对此，很多公共知识分子，以及虽然不在高等院校工作但通过对文理科的正确评价而支持了人文学科的人，也持有同样的看法。所以笔者不赞同“通过人文学科培养人性”的狭隘的解决办法，不管这么做有多重要，因为人文主义并不是只与一两个部门发生关联的排外的学术事业，人文主义的最佳状态压根就不是学术事业。我也不渴望回到知识既无矛盾也不合作的时代，因为美国大学的历史上从来就没有过这样的时候。

要想让本书在当代美国大学这个主题上与众不同、实用并且具有新意，就需要比通常对通识教育的讨论更注重存在的经验，更注重讨论所涉及的前后关系和环境。首先要将大学的经济和政治作为课程的语境（context）来探究，不能将通识教育视为教职员工为了让自己和学生远离商学院而独立存在的宁静处所。本书要使高等院校的矛盾文化有意义，力图抓住各主要大学的观点对教育的影响，而不仅仅是激进或有专业敏感度的观点。本书还需要论证公民的职责和权利（其希腊语单词是我们现在**政治**一词的起源）始终具有政治性，并且一直在发展。大学是政治的，不单因为这里激发了人们对不择手段的马基雅维里主义的兴趣，这里衍生了自私自利的谈判方式，出现过被动的还击和迂回联盟，以及大脑麻木的委员会讨论等等——大学的确如此——还因为这里是公民们定义幸福和在民主社会中对知识提出批评的场所。

抛开上述种种理论问题不论，笔者在写作本书时遇到的问题是，作为一个外来移民，我不敢肯定自己是否解决了针对美国高等教育使命及其成就的争论中存在的身首分离问题。但身首分离也有其好处，至少能在从两方面看问题方面力求诚实，承认理想主义与市场思维相争锋时的困境，以及美国习惯与欧洲习惯及后殖民习惯对垒时的困难。笔者早年曾在新西兰和英国成长并接受教育，当时这些地方的学习体系还没有市场化。我对美国高等教育所具有的非凡能量和平等主义理想充满真实的感情，在这个国家做了三十年英语教授和大学管理人员的经验更使我对它产生了由衷的赞美和钦佩。说到底，这是一本很个人的书，我在书中和自己辩论，我熟悉美国的高等教育体系，但这一体系对我来说始终存在着某种程度的异国情调——我在这个体系中总能找到诱惑和刺激。

当然,我们现在常听到一种说法,即不是土生土长的人不可能完全领会某种文化。但我希望我已经很接近美国文化的内涵。如果是这样,我想要感谢这些年来的好朋友和同事,特别是在丹佛大学的同事,他们用多种市场导向的民主教育方法教育了我。我希望读者能注意到,这种文化的矛盾在书中多次暴露得相当尖锐。有些时刻,人们能够抛开学术界的傲慢,希望高等教育能更好地为公众及学术社会服务,并将自己的声誉和资源投入这种努力,所表现出来的共同的良好愿望和聪明才智令人感到惊叹。但我不想说出曾帮助过我的朋友和同事的名字——这里有我的教学同事、学生和行政人员等——因为我不确定这么做是否对他们的事业有帮助,他们自己会知道我指的是谁,也会知道我在感谢他们。

目　录

第一章

市场文化中的复合使命

在国内战争以后的几年里,美国兴起了"大学运动"。美国政府根据1862年及1890年出台的《莫里尔法案》(Morrill Acts)实行了为新开办的学院赠送土地的政策,极大地助长了新大学的创办。同样在这些年,德国科研模式的大学也在美国有了很大的发展。政府赠地大学和研究性大学一起大大满足了全国对新知识和实用知识的需求,但同时也对通识文科教育(liberal arts education)的中心地位形成挑战。美国革命前的高等教育及其文化使命一直是由先前建立的9所英国殖民大学实行的通识文科教育所支撑。随着美国的民主政治和资本主义经济快速发展,美国社会也经历了从无序的农业共和体制转向现代工业化、城市化的运动。这一运动主导了美国高等教育的发展,进入20世纪以后,各大学所开设的课程都带有新的职业特征。它们主张在社会中开发知识,而这个社会又需要强有力的教育机构来将美国在全世界上升的权力理论化,同时还能调解美国内部不断传播的资本主义经济和民主政治之间的矛盾。

高等院校因此被赋予极其复杂的使命,我们至今仍在试图了解这项使命,并试图为其中需要完成的各项内容排出优先次序。而美国大学从来没有分门别类的使命。教育史清楚地指出,20世纪初期之前,至少有4个主要的目标驱动了各大学的进程:[1]

- **普通的通识教育**，即哈佛大学校长查尔斯·艾略特（Charles Eliot）所说的，致力于教授“使思维向宽广、豁达、平静、坚定的方向发展，完全达到冷静、沉着，并在个性上得以展现的文化”；[2]
- **研究和学做学问**，使学院的学科专业化，科学发展成为研究领域的主导模式，鼓励专业化学习的发展；
- **传授有利于经济发展的实用知识**，即开发能够为工业、农业领域和各个州乃至社区服务的专业技能，使大部分人口具有工作竞争力；
- **为社会服务**，传授对整个国家有利的知识，传递民主的价值观，协助塑造国家特性，培养社会精英，让学生融入社会，努力成为不断进步的现代美国人。

这 4 个目标可以说一直延续到现在，尽管不同机构和学院所强调的重点有所不同。公立研究性大学最初特别关注高级学位，但很快形成多元化的教学模式，提供广泛的学术和专业学位。到 1920 年，美国仅有约 25 所大学可以合法声称拥有完整的研究课程，[3]但到 2001 年，有 150 余所公立及私立院校被列入卡耐基博士学位研究院校分类表。虽然这个数字在全美 3900 家高等教育院校中并不算什么，但足以说明研究在大学精英教育中举足轻重的地位。2000 年联邦研发费用排名前 50 所的院校共收到了逾 140 亿美元的资金。[4]政府赠地大学最初是区域性院校，并如同莫里尔（Morrill）声称的那样，为“工人阶级”提供专业教育和通识教育。但随着农业经济的衰退及向后工业经济的转移，这些院校现在越过州界，提供强大的研究项目——几所院校都出现在联邦资金排名前 50 位的名单中，并提供完整的研究生和本科生教育。一些专业院校和理工学院开展了高端的科学和技术研究，较小的私立城市大学经常作为通识文科学院，附带几个专业学校。以营利为目的的大学近年来快速发展为专业和职业培训中心，通识文理学院的主要重点保持在本科水平的思维和文化教育上，但常常涉及专业及非传统受众。

然而，多元化的高等教育已经成为美国大学的主流，其使命目标也越来越宽泛,既要服务于个人,又要服务于社会,完全致力于支持民主政治和市场经济的发展。各院校在提供专业培训的同时,也为弘扬社会和文化价值而服务。阅读任何一所当代美国大学的使命宣言,你都很有可能找到对前面所述 4 个主要目标的引用和参考,验证了 100 年前现代美国大学的兴起。你大概不会看到哪个宣言里会说通识教育是高等教育中的整合因素,但传统上美国本科教育特有的通识文科教育模式得到了普遍的认同,即学生必须在 4 年里学习一系列范围广泛的文理科课程,不管他们的专业是商业还是其他专业。商业在美国显然是最大的本科专业,但样板式的通识文科教育至少能为大学本科教育的使命提供基本的理论基础,因此各个大学都比较相信所谓通识教育的结果,例如,辩证的、有想象力的思维方法,对道德和文化价值的关注,基本读写能力的提高等,都巩固了他们强烈的社会理想根基。

在描述自己的使命时,各个大学都有一张大体相同的目标和价值观清单。使命宣言是为了设定教育的主要原则及其与公众需求之间的关系。尽管起草使命宣言经常需要整个大学的委员会殚精竭虑,这个宣言又会被反复重提,但没人会真的去仔细读它。学生们不会根据使命宣言去选择就读的大学,因为各个院校看似不同的哲学实际上差别甚微,而所有的宣言都有目的地成为象征符号,即为什么高等院校相信自己是教育机构,曾在过去 100 年推动了美国高等教育的一系列目标,以及如今仍如何保持一致。

这里有个典型的例子,一所排名很靠前的中等规模的私立城市大学最近把自己的使命确定为旨在"吸引学生、帮助学生提高学习兴趣、培养辩证思维和创新思维,从而促进学校的学习。我们鼓励智力开发与个人发展,重视研究与教学,提倡课堂教学与经验学习相结合和知识与专业操作相结合,重视培养和提高学生驾驭未来生活的能力。我们对全社会的承诺是,为大家的共同利益贡献力量"。[5]

我所调查过的有代表性的大学的使命宣言都与此类似。[6]没人会在现代大学意味着服务于社会这个问题上犯错误。阅读使命宣言的人都会发现,这些宣言里避而不谈学校应如何通过学习和探讨多元化的观点和"与生产力的结合"等来吸引学生，以及如何实现其社会理想。这里避而不谈的部分恰恰是教育的实际过程，包括课程表的内容，以及实施这一切的教育方法。鉴于使命宣言就像是一个广告，这么做也不是没有道理。这是一个省略了的三段论，其中的论述只给出了有限的解释：我们得到了第一个前提（a，通过吸引学生来促进学习）和一个结论（c，为共同利益做贡献），其中的诀窍当然是从 a 到 c，这是多个世纪以来占据教育理论家思想的观点，也是将占据本书的思想。

使命宣言经常伴有远景规划和成套的行为标准，这些部分会有点帮助。但主要的、真正的问题在于，学生徜徉在一门又一门课程中，究竟是什么将本科教育聚合在了一起？是什么教育程序引致了广受大众喜爱的价值观念和结果？这些问题的答案很不确定。很少有学校会不提到为追求和实现卓越而奋斗，但我们知道，卓越是一个有高度相对性的词：一所学校的卓越对另一所学校来说可能就是中等。大多数人意识到技术帮助学习的重要性，同时辅助性目标通常包括良好的资源管理，领导力培训，跨学科学习，经验学习和终生学习，整体教育，以及大胆创新的想法。这些都是很有意思的课程，是意识形态的附加部分。但基本上任何一所大学的使命宣言都在暗示，高等教育大都相信在民主的课程中存在知识和权力的联系。某种程度上通识教育也为此服务，学习被赋予的力量（智力的和经济的）来自于知识，而知识又通常为已经拥有权力的人所需要，并为这些人量身打造。这些清醒现实的因素存在于平等主义者中，存在于实事求是的通识主义中，与多元文化和国际主义者的文化价值观共生共存。

那么，既然通识教育一直以来就被认为是做这些事的，为什么我们不简单地说通识教育是凌驾于其他一切之上的呢？基于我将在本书中阐述的多个原因，**通识教育**曾被作为高等教育的代名词，但如今已声望不再。很显然需要对此重新定义，而并非像近年来一些通识学者所做的那么简单，尽管他们的重申是一种雄辩，其价值也可能得到了保留——从那些完整、充满好奇和睿智的人的美德中能够得以体现。但是，第一，不论规模如何，当代大学具有非同寻常的复合使命，同时知识的实用性价值强烈挑战其象征意义价值；第二，我们非常倚重对社会科学的探索，并且越来越重视对认识论基础科学的探索，仅此一点对公众而言就比直觉式或诱导式的认识论更有价值；第三，经历了长期的文化战争，我们对文化本身充满警觉甚至容易冲动，对文化的价值共识甚少；第四，我们将高等教育抛向市场以期解决课程设置的问题，而大学近年来越变越像一门生意，将理论视为不必要的复杂因素；第五，即便看上去很多学校对付得相当不错，但从教育史的角度看，我们对大学本科教育究竟应该包含什么，从来没有持久的想法。再次说明的是，高等教育总的目标主要集中在社会对高等教育的综合要求上，反映出来的似乎是我们希望用这种教育来抵消驱动经济的消费主义文化，尽管我们在大学里也在复制非常雷同的文化。

但并不是所有的人都将消费主义视为敌人，高等教育毕竟是从中衍生而来的，它被社会变化的力量推动——技术、社会、经济、文化及政府——由此挑战了任何一种关于大学的单一性一体化思想。高等教育也是市场环境的产物，市场环境毫不留情地构造了对知识的管理和开发。大学可以任意追求深奥的知识，但我们太常听到的，对大学来说也是最重要的，是要保持灵活，迎合外部需求，对公众需求快速做出反应，并在此过程中提高教学队伍工作效率。大学校长们也毫不讳言，高等教育应该在支持公众需求方面更有条理和效率。

正如密歇根大学校长詹姆士·杜德斯塔特(James J. Duderstadt)最近在其研究报告《21世纪的大学》的结论中所说的那样，

> 我们已进入了一个高等教育发生重大变化的时期。在这个时期，新事物不断出现，当代的大学不仅要面对摆在眼前的挑战、机会和责任，还必须探讨大学本身的变化。
>
> 这些变化大多受市场力量的驱使，具体包括有限的资源基础，变化中的社会需求，新技术的发展，以及新竞争对手的增加等。我们也必须记住，高等教育具有公共目的和公共义务。身在高等教育之中的我们必须牢记两个问题："我们为谁服务"和"我们怎么才能更好地服务"。社会必须付出努力塑造和规范市场，并使之有

> 利于为了全民目的而重塑高等学校的机构建设。
>
> 从这一点上说，目前大多数院校所面临的最严峻的挑战是适应形势的变化。了解这一点至关重要……大学必须致力于清除阻止它们对快速变化的社会需求做出反应的各种制约，应努力使全体教职人员能够敢于和善于面对新的挑战，努力研究高等教育将经历怎样的伟大冒险。
>
> 很多学院和理论不愿承认正式规划行为的必要性和合理性，使得战略性努力变成了被动地接受命运，这对学院来说绝对是一种悲哀。[7]

杜德斯塔特校长在他的一本试图避开**通识教育**一词的书中说：未来属于企业家。这当然是一种温和的说法。“企业性大学在整个20世纪一直都很适应，并且非常有弹性，”他写道，“但进入下一个世纪后，依然会面临许多重大挑战。我们必须寻找方法让最有创造性的人推动院校未来的发展，而不是简单地对目前的机会和挑战做出回应。我们的挑战是，通过一种能保持核心使命、特性和价值观的方法，开发出创意和能量的源泉，并发挥教职人员的企业家精神。”[8]

因此，公众需求被确认为市场需求，学生们现在是“积极的学习者”，学习多数发生在“学习群落”里，知识“在实践的群落里被创造、保留和传播”，而教职人员不再是教师，而是“学习经验的设计者”。全书的观点，在夸大了的公司教育说背后，暗示出对传统通识教育的厌烦。虽然数个一流大学的校长对过去的传统学说大加褒扬，但那些不顾一切地坚持传统范例、拒绝脱离狭窄的专业主义的教职员，的确不仅令校长不悦，也令其他教职员恼怒。当然，强调学生的独立学习，重视学生不是信息的被动接收器，承认学生根据信息产生创意的学习效果最佳这一事实，也都非常重要。但这不是新型大学的企业家们所发明的，好教师们向来了解这一点：希腊学园中最古老的学习方式是分组学习，两千多年来，很多问题都是机智回答的一部分，而有些问题的答案就是机智的问题。而且，我们需要更多实质性论据来支持通识教育必须改变这个论点，我认为这种改变不仅是市场的需求，也不仅是“全球知识及学习产业”不可避免地策动的结果。我们需要认清,大学自身社会使命的复杂性不仅是市场使然。作为一个真正民主的企业,它自身必须具有不同的认识论和多元文化。

杜德斯塔特理论的精神与美国大学长期以来的使命是一致的。在过去的一百年里,这项使命致力于积极保持有竞争力的自由民主,及其以知识为基础的经济。杜德斯塔特校长发现,通识教育在现今公司式的企业家精神氛围中缺少某种风采。这样讲并非没有道理,我也这么认为。但是,我们真正深入关注的问题应该是同时支持民主院校和经济,并承认这样会造成矛盾,同时必须用各种手段保护知识,使之不仅仅具有交易价值。归根结底,我们通过大学表现出的对民主和自由资本主义的热情崇拜,并不简单地是因为认识到通识教育走向衰退,而主要是因为美国高等教育市场非同寻常的规模,以及近年来对高等教育广泛宣扬的不满。总之,市场导向的灵活性对大学的要求造成了大学在20世纪六七十年代的增长失控,以至于大学的成本不断上升,很多学校始终存在着对财务状况的担心。各大学还面临着为迎合人口变化而实行多样化的困难(或由过分多样化转变为多元文化的正确性,视其谈话对象而定),以及由于缺乏全国统一的标准,使得学生对学院的期待普遍“逐渐沉默”,对通识文科学位兴趣下降,权利文化不断上升。由于公司文化的广为传播和职业教育的兴起,导致专业博士就业市场收缩。所有这些问题根源实际上都来自人们对美国大学的简单认识,即大学对社会最为重要,因为大学要为后代复制美国式的生活,还要用适当的精力来研究和保持自由资本主义,并且是在市场导向的文化中做这些工作。

通识教育的不满

过去的若干个世纪,学术课程比现在少,但了解世界的挑战并不比现在小。通识教育的哲学动机和分析技能都是关于学习的,从理论和实践两方面了解自我和社会、文化和自然。那时所有课程集中在知识自身的特性上,现在文理科的某些课程也还是如此。因此,我不能肯定大家会认为课程更加专业导致通识教育出现了问题。归纳通识教育的有效性当然是不可能的,因为其中包括各种授课内容,而且是学习经验中最具渗透性的部分,它会在若干年后出乎意料地出现在记忆和认识中。各人主要靠自己的经验来评判这部分教育是否值得。但客观的事实是,批评家和政府统计数据都表明,近一个世纪以来,通识文科领域的学位越来越少。当然,文理科教师在学术问题上难以合作致使通识教育衰落之类的抱怨不断增加,传统课程之间出现了严格的樊篱。我们还可以参考一些有趣的统计数据,看看目前通识教育那令人莫名其妙的声誉(我下面就有这样一些数据)。

我的观点是,在各个学术领域中发展专业主义和实用知识的巨大市场压力影响下,通识教育有两点确实很成问题,确实是不对的。如果像使命宣言用尽最微妙的方式暗示的那样,大学使命的要点是服务于社会,那么只有理想的一体化教育可以使这件复杂的事有意义。全面的通识教育的确有这种专长,可以综合关注与分析、伦理、历史和美学相关的问题,只有通过通识文理科教育,才能得到对现实本质的大量认识并得出正确的观点。

第一个问题——这已不是新的论点——是通识教育仍不留情面地保持着专业化和以课程为中心的做法。课程间的障碍没有倒塌,尽管错误已经非常明显。我们在各种场合,很大程度上是通过埃里克·霍布斯鲍姆(Eric Hobsbawm)这样的历史学家,或者约翰·加尔布雷思

(John Kenneth Galbraith)这样的经济学家,或者史蒂芬·古尔德(Stephen Jay Gould)或理查·费曼(Richard Feynman)这样的科学家,或者约翰·艾史贝利(John Ashbery)这样的诗人,或者以赛亚·伯林(Isaiah Berlin)这样的哲学家,以及其他伟人们的智慧,才能够简单地了解以下各种困惑,比如说全面掌握进化这种课题,权利的概念,对过去一个世纪历史极端现象的认识,物理学中的各种悖论,时间的复杂性,或者乌托邦思想的危险性,等等。这当然是一种很笼统的观察。每个人都有自己心仪的思想家,他们好像能看见一些经验,哪怕不尽完整,能通过对历史思想的仔细阅读和具有说服力的学习经历,来为世界辩护。这肯定是我们希望终生学习能带给我们的,我们也肯定希望大学四年的通识教育至少能为我们希望达到的成就提供基础:创建以经验为基础、不受约束并可以称为世界观的个人哲学思想,寻求适当而有意义的个人发展。

这个目的通过努力是可以达到的,但我们在本科教育课程的广阔漫游中将很多东西留给了机会去决定。通识文理科的教职人员太缺乏在跨学科主题和综合性课题上的合作,而是可以理解地沉溺于对每个主修课的专业主义之中。教职员毕竟是这些学科重要性的活证据,这是对学术声誉和自我尊重的衡量。但通识文科课程比单独的方法论要多,它们是过去两千年来,我们在追求关于人类应该如何这个基本知识时,开发出来的一组跨学科课程的单个组成部分,学习一门课程而意识不到相关的另一门课程的重要性是很难的。这些课程需要,也几乎可能——因为它们在主要的社会、文化、科学及环境问题上的综合效用——被一起研习。只有这一点让我们有希望在发展用综合的方法了解世界时获得必需的知识。学院用这个方法激发内部和外部的学术力量,将不同观点的人聚在一起研究特殊的社会问题和事件,但本科和研究生教育还没有强调针对重大社会及学术问题设计跨学科问题解决方案的重要性。

第二个问题是人们对 liberal 一词的意义很难达成一致。这个词的历史意义非常复杂,其实公众和学术界都不清楚 liberal education(通识教育)究竟是什么。考虑到这个词一系列的现代意义,其自身彰显出选择本科普通教育这个传统定义的问题。Liberal 得自拉丁文 liberare,即自由。通识教育曾被描述为"自由的思想",一种充满好奇的漫游,试图出于自己的兴趣学习的思想。(但这是否意味着精英人才教育,是只为能负担其奢华的人开办的教育?知识有可能自由并以其本身为目标吗?)通识教育还应该能"**释放思想**",令思想得以解放,在应对智力挑战时支持思想的自信。(但思想解放确切地说是要做什么呢?最终是为了服务自我吗?它必须得到共同利益的概念吗?我们要教什么才能对思想有如此这般的解放效力呢?)最近,通识教育对部分人来说变成了传统教育的反面,道德教育的政治天性问题凸显出来。(这是否意味着通识教育不可避免地被政治化了?或者甚至于就是一种政治上正确的教育?)尽管教育在宪法中没有正式的地位,很多人会说,通识教育,尽管实际上并不免费,至少应该是一般人能在经济上承受的。(为民众提供即使不是免费但是负担得起的基础教育是不是一个民主社会的责任?如果是,这种教育应该包含什么?大学教育应该对所有人开放吗?)

公众当然不知道,学术团体也没有把意思说明白。1997 年霍巴特和威廉史密斯学院的校长理查德·赫什(Richard Hersh)开展的调查发现,只有 14% 的高中生和 27% 的家长说自己很熟悉通识文科教育。另外,只有 32% 的大学及专科学校毕业生和 54% 的商业管理人说熟悉"通识教育"一词。调查还产生了奇怪的数据,不像学生和家长那样"压倒性地认为上大学的原因是为事业兴旺做准备,商界经理人同意这个说法的还不到 40%"。[9]

赫什是这样解释这个结果的:"进入 21 世纪,通识文科教育所能感知到的价值受到了即将就读的大学生及其父母的严重质疑,他们大多将高等教育仅仅当成是为工作做准备……回顾 1993 年 5 月 12 日《高等教育年鉴》中报告的 30 多个公共意见调查,调查人詹姆士·哈维(James Harvey)和约翰·艾默瓦尔(John Immerwahr)发现,公众一致认为高等教育是找到职业的必要条件。此外,通识文科教育被认为与此

目的无关。”赫什自己的结论也支持了这一发现:

- “很少还有人相信为学习而学习的重要性……
- “高中生及其父母对什么是通识文科教育基本没有概念……
- “除了教职员和通识文科学院的毕业生,很少有人对通识文科教育有积极的感觉(大多数人认为那意味着‘对很多不同学科课程的宽泛介绍’)……
- “很多人认为可以随处得到通识文科教育,它并不是高等院校特有的……
- “在很多方面,商界管理人对通识文科教育的有效性远比家长们更有信念……(这些方面包括辩证思维、读写能力、解决问题的技能、专业学习的准备、对文化的欣赏、外语能力、自我约束、全球视野、忠诚度及忍耐等等)
- “学生和家长压倒性地认为上大学是为事业兴旺做准备——但同意这一点的商业管理人不到40%……
- “当被追问时,大部分人同意解决问题、辩证思维、写作和口头表达技巧这些历来由通识文科教育传授的能力,实际上是事业中需要的技能,并且是高等教育最重要的目标……
- “通识文科教育学院应该讲授工作需要的技能……
- “要让家长和商界管理人说,没有哪个学院或大学表现良好,但小型通识文科教育学院在特定领域表现不凡,如文化/艺术欣赏和外语教育……
- “逾1/3的家长认为通识文科教育是他们不可企及的奢侈……
- “对大学教育重要性的信念在大学和中学教职员及管理人员心中普遍比社会低得多。”

意料中的是,赫什从这些发现中得出的结论和经常从通识文科院校或学校管理者那里听到的并无差异。基于相信通识教育是传统文理科课程的样板教育,赫什声明通识教育真正的重要性在于它能即刻满足多种公众的需求,特别是如果得到“商业见习、国际教育、高标准写作和演说及电脑能力”的补充。对于公众来说,“有价值的当务之急”是“追求生活品质的目标”及“转移自我关注”等问题。对此,通识教育能给出更好的答案。的确,即便在强烈支持通识教育的人当中,这也已经成为首要的理由:将通识教育的重要性准确地设定为实用主义的煽动者,商业文化中显著的通识价值。如同赫什进一步解释的,“小型通识文科学院需要更好地与重要受众沟通,让受众了解他们提供的‘通识文科’在现在和以后的世界中意味着什么,并用证据说明他们的确为工作提供了重要的技能。他们需要显示小型通识文科学院是‘有价值的地方’,在这里你能在悉心投入的老师的帮助下,学习到智慧的威力、清晰明白的沟通技巧,产生对创意的热情,学会与他人的互动,能够创造有意义的事物,坦然面对文化、阶级和社会差异,以及在全新挑战中获得快感”。

当然,这些是纯粹的教育价值,他们在全国的各高等院校间被频繁调用,但和赫什关于美国通识教育的目标一样实际,他为教育病态所建议的解决办法,同为将文理科课程故弄玄虚地加到一些实用技能课程中去的社会治疗价值争论没有什么区别。这是一个很多城市大学已沿用多年的规则。我们的使命宣言在如何填补学习和共同利益间的沟壑这一点上,已经有了足够的神秘感。但当通识教育家们介入这种神秘时,人们就更想知道未来会怎样。简言之,赫什和其他学院及大学的校长们更多地是想督促大学更社会化,以便能够提供更多的职业培训,而不是探讨为什么通识教育本身才是产生他所提出的一系列重要结果的根本。毕竟,通识文科教育与普通公众间的信誉鸿沟并非来自于公众不关心文化和个人价值,而是出自于对为什么传统通识教育一定会带来上述价值的不确定。在通识教育的世界中我们需要信念。

教职人员对通识教育的观点并没有大的分歧。最完整的关于教职员态度和理念的调查是《美国大学教师》每三年一次由加州大学洛杉矶分校高等教育研究学会进行的最近两次调查,也就是 1995—1996 年及 1998—1999 年的调查,每次都有近 3.4 万名各种教育机构的教职人员参与,并产生了以下结果。[10] 在 1995—1996 年的调查中,只有 53% 的教员认为“西方文明和文化应该成为本科课程的基础”重要，而只有28%的教授认为讲授西方文明经典作品基本重要或很重要。在1998—1999年的调查中，相信西方文明是基础的教员比例上升到57%，但仍然只有28%的人愿意讲授名著。1989年以来，调查一直显示“（教职员）对多样性和多种文化教育的意愿有上升的趋势”。但当说到教职人员认为“基本重要或很重要的”本科教育目标时，调查没有将与课程内容相关的标准作为焦点。问题不是教了什么，而是教给谁，教到什么程度。两次调查都显示，教职人员对本科教育的一系列目标排名最前的是“开发清醒思考的能力”（两次调查中都高达99.4%），随后是“让学生为大学毕业后的职业做准备”（1995—1996年的调查中有69.9%，1998—1999年为70.7%），“提高学生的自我了解”（61.4%和61.8%），帮助学生成为“负责任的公民”（59.5%和60%），“拓展个人价值”（59.5%和59.7%）。而两次调查中有略高于62%的教职人员认为大学“积极参与解决社会问题”很重要，在1998—1999年的调查中回答一个新问题时，60%的教职员认为本科教育的一个基本目标是帮助学生成为负责任的公民。调查表明教职人员将大学的使命首先看成是社会责任感、学习技能、公民责任感，以及个性改善占据了主导位置，而通识教育中特定知识的价值在很大程度上被忽视。

调查当然取决于调查中所问的问题，而这项调查紧紧围绕以社会为基点的学习结果进行。这种方式的问题不在于清醒思考和社会化不是有价值的目标，而在于我们不断重复一个古老的问题，一本被称作哈佛“红皮书”（Red Book）的报告早在1945年就提出了和现代教育所遇到的困境相同的问题。该报告说，在学院里，我们在为实施哪一种本科课程而困惑，一种观点强调能涵盖“现实本性”的合理化的课程体系，另一种观点更注重实效，更强调归纳，让学生“通过实践学习”。对于哈佛报告所提出的问题，我们至今仍未找到解决方案。因为对教职人员来说，组织知识的理想动力是课程设置，而公众眼中大学使命的理想动力更加以过程为中心，即社会化。也许今天教职人员和社会对实用目标的认同更加接近，但学科知识和社会教育还没有形成愉快的混合体，因为我们缺少对民主教育理论的广泛认同。我们对实用教育的重要性有很强的理论支持——没有什么比约翰·杜威的理论更有力,但这种课程的内容一直以来——可能也一直应该——存在着很多悬而未决的问题,我们仍需要不断在公众哲学中提出并回答以下几个问题:美国应该给她的人民什么样的高等教育?通识教育和好公民之间是什么关系?我们可以期待高等教育在何种程度上解决当代资本主义社会中的文化矛盾?成为世界公民意味着什么?学习怎样才能更坚实地根植于民主实践的经验中?

这些问题都很难回答,几乎和定义 liberal 这个词一样困难。可以说,这些问题给了我们比以往任何时候都更大的挑战,但并不仅是因为通常所说的"为 21 世纪"重组教育。我们也需要正确地面对高等教育中的智力、文化及社会责任。这些责任二百多年来一直存在,却很少能以通识教育作为大学分散学科的集合体有效地表述出来。要点在于没有其他哪个国家如此强调高等教育和社会价值观形成之间的联系,而我们将那些价值观委托给高等教育的教育**市场**和公司式的宣传实践,我们从没有在美国开发出和使命相联系并能被广泛接受的关于通识教育的综合理论,但至少随着现代大学的兴起,旧式古典神学院模式的文化价值观已经失去了其统治地位。

知识的交易价值和象征意义价值

现在对通识教育的主要挑战是关于其象征意义价值(Symbolic value)和交易价值(exchange value)间关系的重新讨论。通识文科历来主要强调其象征意义:对伦理的重要性,在发展社会公正、美好、真理、权力等基本概念中发挥作用等。如果没有通识教育,即使极尽讽刺挖苦和自我评价之能事,也将很难总结出什么是好的,什么是快乐的,什么是公平的,什么是有力的,也难以发展出至少对这些观点不会产生怀疑的世界观。最近,甚至通识教育的这些功能也在美国大学里被赋予了交易价值。简单学习了各个学科,可能有一两门顶尖课程或跨学科课程之后,学生们就被认为具备了清醒思考的能力,理解艺术行为卓越性的能力,以及为具有道德意识的职业生涯做好准备的能力。人们几乎不需要提醒,一点点通识教育的疫苗并不能提供太多的免疫功能。

正如法国社会学家皮埃尔·布尔迪厄(Pierre Bourdieu)所指出的,智力工作的领域和艺术生产领域并没有太大不同。[11]知识既是商品也是一种象征物,我们或许希望公众眼中能同时呈现学术文化和商业价值,但这一点很少能做到,否则通识教育就无须为其在阳光下的地位争辩了。通识教育的象征意义,超越其所有的特殊价值。无论是文科还是理科,都无法摆脱交易价值和象征意义价值之间的矛盾,因为它们经常在本科阶段就切入服务角色,而且经常被迫找到能对专业和职业利益有用的方法。同时,正如我一直所说的那样,它们坚持在专业学科中个别定义其完整性,而不是象征性地作为一种极其丰富的合作科目出现,将特定的问题和事宜作为整体来对待。

这在我看来便是现在通识文科课程设置的错误,也是行政和市场战略的错误。的确,通过强行建立各学科间的关系来创造大学的知名度,比通过现在常常和学生就业的企业相联系的重大社会主题来打知名度要困难。这么一来,很多大学变成了通过实习来学习的庞大的主题公园,并具有接触商誉及领导力这类概念的附加价值,就一点都不奇怪了。经常是哪里有本科教育,哪里就有这种现象,因为从学术上来说,大学最多是不同知识封邑的松散联盟,得到学生和操作服务的支持,力图为全局说话,但几乎没有办法超越自身的局限性,只能简单重复描述负责任的行为、有用的知识和为社会服务等教育使命,只能将统一的使命概念化。大学里的教职人员却经常浪漫地被自己的学科超越现实的景象吸引着,而不去考虑文化一体化的需求。除非等到美国大学成功地推行跨学科通识教育的强势优先权,使各学科的学习能和大学的社会使命一体化,不然情况不会有大的改观。

关于这一点人们是有紧迫感的。其实,很久以来各学术机构的自然状态就存在着这种危机,特别是在人文学科,很多有关知识价值的政治问题历来能在其中找到焦点。但可能从没有如此众望所归地想要从学术理论的躯体中掏出内脏,丢进风里,密切注视其落点,再扔进文化的垃圾箱。的确,学者们经常摊开双手说没有什么能在学术界把我们绑在一起,就像历史学家克里斯托夫·卢卡斯(Christopher Lucas)最近所说的那样,

> 在最基础的水平线上,决定大学的目标和优先顺序的问题,看上去肯定无法解决,因为经验告诉我们,目前社会上对这个问题几乎没有共识,能在从业的积极参与者中达成一致更加希望渺茫。从另一个水平上来说,理顺优先顺序和目标的问题是每个学术机构必须自己面对的挑战,而在机构内部,是每个个体准备以何种姿态呈现的问题。不同的说法在看似不可调和或相互矛盾的压力下被整理汇总,面对一直存在的、被几代人反复提出的挑战。大学不可能在近期内放弃任何一项多重任务。真正最有意义的选择可能不是牺牲其他活动来进行特定的行为,而是设计并讨论出一些说法,让有竞争但合理的利益以适当的方式得到尊重。[12]

和这种观点一样睿智并一样能被广泛接受的另一种说法,可能是说每个学术机构必须自己想出解决办法,并且必须自扫门前雪——这是卢卡斯的叙述及其在学院政治中所代表的立场的悲哀。社会需求和大学的市场地位确实以切实的,有时是难以理解的方式塑造并喻示了通识教育。通识教育的主旨是我们在尝试学习所处环境时的社会经验,然而大学的管理者或者教师很少检验学术文化本身怎样塑造了几乎全部的课程,知识怎样被制造出来和被消耗掉。

正如我想用更多的细节来说明的那样,鉴于在学术世界本身民主和资本市场之间不稳定的,常常是草率的关系,这个问题特别令人困扰,姑且不论在商界、政界和其他社会机构中的情形如何。毕竟任何一个市场均有其利益动机,而且其本身就不民主,不管是在开放的还是压抑的政权下,都不会有平等的繁荣。教职人员的自由不会延缓市场的

霸权,高等院校必须检验其市场文化实际上怎样影响了知识的生产和消耗。成为非营利大学并不意味着完全没有私心,只是意味着理事们个人无法从大学的商业行为中获利。大学在现实里根本就是一个追求营利的机构,其业务的各个方面都受到这个目标的驱动。

另一方面,公众对高等院校缺乏效率的批评,和他们有时不断隔靴搔痒一样,也很少切中要害。他们关心提高教职员的“生产力”,或将课程表改回到宣扬西方思想的霸权地位,但他们却没有看到教育的市场体系实际上正在威胁着知识自身的发展。就像经济学家莱斯特·瑟罗(Lester Thurow)所说的那样,资本主义终归需要“自然的、社会的、精神的、教育的和组织的基础设施来支持,如果希望个人之间不去持续地相互争斗,就需要某种形式的社会粘合……资本主义不是关于抽象的效率(用对诚实价值观的循循善诱,使得整个系统在低成本下运行),而是通过让每个人行使个人的喜好来使大家将效用最大化。想要成为罪犯和想要成为牧师一样合理……价值观和偏好是资本主义的黑洞,它们是现存系统必须服务的对象,但却没有一种区分好的或坏的偏好的资本主义理论”。[13]

我们可以将上述理论转化为高等院校文化的实力政策。校园中的官僚机构和知识的组织不大关心抽象的效率,而是带有明显的平等主义色彩,但他们要求每一个服务单位、学科和部门将其效用最大化。但高等院校也在用自己的方式塑造教育的本性。在后现代的大学里,所有的职业成果都受到平等对待,没有关于好职业和坏职业的资本主义理论。但尽管价值观不完全是大学教育的黑洞,而且所有的大学都表明普通教育给课程表提供了最基本的基础设施,我们还是要使人信服地给这种教育加一点配料,一些可以将我们的资本主义教育企业捆绑在一起的黏合剂。我们非常有必要用前所未有的方式彻底改造它,使之成为校园(甚或全球)资本主义和各学科的知识资本间的融通剂,也就是说,我们需要为本科普通教育确立强有力的一致性主题,使之有希望建立起能抵御市场反复无常变化的、具有广泛象征意义的教育核心。

市场文化

各大学都将自己视为商业市场中的参与者,但这个市场的经济是以知识为导向的。正如经济学家和商业刊物时常提醒我们的那样,大学今天是在做为知识经济开发人力资本投资的生意。这个市场中的知识明确地变得功利主义,对其交易价值极为重视。这样的知识经济并不是靠主观臆测来维系的,也不是靠知识的未决状态或政治状态来维系的。这正是使命宣言中对此只字不提的原因。知识经济的支撑点是那些能够帮助我们获得可衡量结果的信息,例如财务利润,某种社会资产,某种研究突破,或在市场中极具重要性的证书。这就进一步说明高等教育确实是和社会紧密相关的,它能够向公众展示知识开发的进展,并将一两个概念性的场景夸大。

结果是明显的:高等院校很难脱离开其市场价值来肯定知识的自主性。我们说所有的学习都是基本的,都一样重要——这里的我们不光包括行政管理者,也包括要宣传他们自己的研究领域的教职员工。无需讶异,更浓重的市场价值色彩加于知识的商品价值,大学中知识的学术价值和商品价值之间的鸿沟因此被扩大了。当然,出于修辞的目的,我们比以往任何时候都更多地主张两种价值并存——同时,学术学习本身,从其最佳状态来看,的确能将二者融合在一起。当代大学可能已不再像以前那样享有为文化的合理性立法的权力了,但它们仍能用一些表象的东西提供强有力的社会现实构架——就像一些精英学校所做的那样——用证书将学位的学术价值和经济价值联系起来。

因而,如今用以解释和推广高等教育的主要说辞就是将企业家的创业精神和个人追求卓越的喜好相混合,再加上塑造学生个性这种良好的社会愿望。我们试图通过这些办法将企业道德规范社会化,使知识构建成社会权力。现在的假设是,知识到底是不是一种不可或缺的能力,是不是我们没有它就会迷失自我。本杰明·巴博(Benjamin Barber)也曾较有说服力地辩论说,知识受到当权者或至少是那些参与政治行为的人的重视。[14]不管我们怎么看,正是**知识和权力之间**的关系限定了高等院校的本性:我们使那些没有必需知识的人成为自由民主社会的一部分,同时满足那些希望掌握更多知识的当权者的需求。

然而,过去几十年里,为了响应不断变化的管理风格及其凌驾于教职员管辖之上的商业管理方式,学院文化中官僚权威的工作方式是如此充满计谋,以致于我们不得不需要一个全新的教育人类学来检验大学的组织机构及其开发知识的方式。米歇尔·福柯(Michel Foucault)认为,权力存在于一种一边解构合法性和权威性,一边又在设定控制点的相互关系中。如果他的这种说法是对的,那我们或许就没必要担心了,因为大学的权力结构将不可避免地爆裂或变异。我将在接下来的几章中说明那是一种真实的可能性,很大程度上归结于我们对在市场经济中发展知识的信心,但也许只有在文化人类学卷帙浩繁的作品中才能摸到高等教育的真实脉搏。我们当然也可以依赖通常对教育权力的论述:历史的叙述,教育统计数据,人口分布数据,领袖和学者的演讲,以及教育的发展哲学等等。这些论述大多都好像在说文化并不处在任何矛盾中,而且还能通过改变疗法来轻易地重塑并延续下去。然而所有这些方面都很少涉及教职人员、行政管理者、学校理事,以及学生之间的复杂关系。这显示出高等院校中的权力经常处于谈判状态下,从没有最后交至任何人的手中,无论竞争中的利益方在学院权力的游戏里惯于如何设置正面角色和反面角色。大学是学术优先权根据市场趋势和领导方式的变化而变化的社会,学位和课程设置依赖于用户的消费情况,各等级的官僚不可避免地相互阿谀奉承,权力被分散,很难写出对教育理论的高明叙述。

因而,关键问题在于如何搞清这一切的意义,特别是如何搞清高等院校文化的意义。看起来任何文化都是"乐谱的合奏",如同文化人类学家克利福德·格尔兹(Clifford Geertz)曾说过的那样。在这里相互竞争的影响力以及各种不同的含义都可以被看到被并解读,好像它们总是呈开放的状态等待人们去解读。文化是多重的,同时有几项工作在进行中。文化的暗示具有比喻性,文化的含义微妙地连接或分离,将宗教礼数和信仰松散地捆绑在一起,在某种程度上汇总成不真正是一个整体的整体,因为将文化总结成一个统一体,常常是从根本上将其过度单纯化了。阅读文化的课本,很多都相互竞争甚至相互矛盾。人们除了整理出最有意义的路径并承认个人理解上的偏见之外别无选择。我认为这是聪明地处理大学文化的办法,特别是在本科阶段,例如其代表知识价值的令人惊异的课本排列,其交易系统的微妙之处,其将知识分散到教育体验中去的复杂方式。所以,在本书中,我尝试在市场影响为主导的环境中着眼于知识的不同功能在大学中的"深层表演"(deep play),看它们的竞争力量结构——从财政和意识形态两方面——以及它们经常相互矛盾的动机。

例如,我们知道传统的通识教育是指文科和理科课程学习。我们看重这种学习在开发智力和理智,培养我们更好地了解自我、社会、自然和文化等方面所体现出来的价值。但我们也知道通识教育常常看上去带有理想主义色彩,特别是当我们(包括亚里士多德以后的很多人)坚持认为通识教育是为了其自身而存在的时候。我认为,知识从来不会为了自己而存在:知识总是为某些人好,它总是有一些个人的、功能性的或实际的价值。因此现代美国大学很久以来就超越了审美通识主义教育,转变为注重实效的教育,从不会对归结到其自身的伟大书籍或思想感到满意,而是努力开发能帮助人们为应用研究或工作领域做准备的有用的知识。这么做本身并没有问题。大学已经有效地参与了政治(包括公共政策的制订等),并且在专利开发和公司研究的舞台中扮演着重要的角色。可以说,大学的确可以在改善资本主义的社会问题方面发挥作用,并将不可避免地从商业世界中借用越来越多的管理战略,来使其企业家使命更富成效。但是,由于我们拒绝将注意力集中在知识的象征意义功能上——即知识在广泛的启迪方法上产生意义的能力上,还由于我们无法将综合民主教育作为社会使命的主要切入点概念化,我们将越来越多地依靠对市场的理解来设定价值观和课程重点,因此任何一种课程学习都将难以断言。获得通识教育的动机越抽象，离全球资本主义的需求和大学自身公司化动机贪得无厌的需求就越接近。但这种动机几乎每一次都以失败告终。

市场霸权

影响大学内部发生变化的问题之一，正是几乎不存在要求大学重新审视高等教育的总使命和解释其含义与目标的公众压力和内部压力。高等教育市场几乎没兴趣将通识教育或者民主教育作为高等教育的保留项目。杜德斯塔特校长清醒地意识到这样的使命常常过于深奥，甚至过于珍贵。当前美国大学的企业家使命及其良好的社会目的，加上其能在广泛的领域中推动理论研究和专门技能培训的超凡能力，使得美国的高等教育在现代世界中最有影响力，很大程度上是因为美国高等教育允许市场文化在其中发展、繁荣，并具有影响力。美国大学在国际舞台上扮演着主要的角色，包括为推动全球经济献计献策，为培训专业工人和经理人员提供服务，对政府制订政策施加影响，以及通过大量的调查资讯企业从事技术开发，并将使艺术和自由民主的理念发扬光大，积极探讨改善人类环境的多种方法，将知识作为一种资本积累和储存，等等。这样做的目的，就是为了将自由市场的思考方法以及自由资本主义理念，与开发新知识联系起来。如果我们近距离观察的话就会发现，大学的综合使命，实际上就是在市场价值、社会价值和学术价值之间变戏法的行为。大学的意识形态主张将人（教职员及学生及其智力资本）资本化，以及使资本主义自由化（调解或在可能的地方根除其矛盾）。这样，正如很多人已经指出的那样，这将我们同时向两个方向牵引，因为我们必须同时探究大学的经济前景和学术自由的天性。

然而，如果我们衡量现有的机构数量，就会发现高等教育的市场文化对高等院校是非常有益的，所以关于质量和课程的论述不太会有大的成就,任何一种比提高汽车里程稍好一些的论点就已经足以令国会或汽车制造商印象深刻了。1950 年美国有将近 800 所高等院校,在其后的 50 年里,这个数字翻了一番。[15]1980 年以来,这些机构的流动基金收益上涨了三倍,从过去的 650 多亿美元增加到现在的 2500 多亿美元,超过了奥地利、丹麦、瑞典和瑞士等国的国内生产总值。1900 年美国大学共授予 2.9 万个学位,50 年后,这个数字增加到了将近 50 万。1995 年,逾 200 万人获得了学院或大学的各类学位,而到 2000 年,这个数字已达到2,265,600。[16]

这种扩张的结果之一是,除了少数最优秀的高等院校提供最有价值的证书之外,美国教育机构开发出一套全然无可匹敌的学生入学体系,并以此来支持其民主的市场行为。在这个体系中,学位本身就是一种商品,根据需求和市场承受度标价。因此我们努力找出判断学生天赋的新标准,甚至脱离开标准化的考试分数,而将任何一种学生能让自己与众不同的方法考虑在内。我们详细描述了准予入学的各种情形,但 3900 所学校中很少有学校能做到很有选择性。从宣扬高等教育平等主义的理想的角度来看,这样做不成问题。有大量的学位、证书培训以及其他各种质量和价值的文凭来满足几乎每个人的需要,本世纪以来每年约有 1500 万学生客户的需求在某些方面、某种程度上得到了满足。每个人都可以找到适合自己的学院,但关于是否每个人都应该上大学的问题很少会被提及。或许这么问本身就是错误的,因为大学学位是一种市场导向的证书。一所大学拥有一个或多个好的学位项目,都是希望能有顾客。在所有晚期资本主义的市场中,美国的高等教育的确异常成功,因为它高度多样化,非常灵活,并且完全建立在消费者为了进入普通或专业工作岗位而产生的无尽的学位需求的基础上。

此外,进入 21 世纪以来,美国的高等院校一直希望通过强力支持众多的专业组织、教育水平评价机构和咨询机构来支持高等教育的大众市场体系。所有上述机构即便是在宣传自己的重要性时也在试图控制教育市场,同时它们在评估大学的价值、成本和声誉时起到主要作用。也就是说,高等教育很大程度上是通过其专业组织和机构而使自身理论化的。每一个成功的学术机构,其学术声誉都依赖于其有力的市场竞争地位,这种地位需要通过在人力、理念及财务资本等市场的交易中获得:雇用明星教师,吸引有天赋的学生和开明的慈善事业,建立对国家和公司利益都很重要的研究项目。大学设计出符合学生和家长需要的招生计划,通过精明的财务资助和以捐赠为基础的奖学金来降低成本,提供大量的职业证书来满足市场的即时需求,这些证书最好是具有能抵消学费费用的收入潜力。大学的这些行为会得到教育评估机构的资助,这些机构的主要功能就是询问各个大学的使命宣言是什么,是否将使命宣言付诸实践。这种事经常和使命宣言本身一样含糊其辞,因为是市场控制着大学的使命,控制着其使命如何被评价和衡量。

因而,很少有人会假定大学能逃脱教育市场的模糊性,而仅仅通过修改其最佳意向的措辞就得以生存。有限的几所学校拥有一定的捐赠或学费收入基础,可以在市场趋势中保持独立,即便是那些不完全依赖学费收入的院校也有足够的商业技能,可以坚持停留在传统市场中,成为其中的蓝筹股,扩大捐赠额,增强设备和研究能力,寻求更有竞争力的学生,引进昂贵的师资及其研究,甚至分发财政资助收入中的一大部分来保持其市场地位。那么,对所有的大学拥有者(州董事会或独立理事)来说就没有矛盾了,因为教育机构在其商业运作以及扩张和寻求利润的战略中,不可避免地变得更加具有企业家精神。

高等教育的企业化采取了多种形式,其中包括下列几项:从商业世界中得来的质量管理标准和战略;对市场、曝光度及公共形象宣传的重视;对边际收益和学习的常年成本效益的财务考量;通过对成长和收益分配收入的奖励机制分散权力结构;重新分配劳动力(不再使用兼职和助教);开发复杂的辅助性产品、专利和服务;用卓越这种模糊的措辞替代具体教育的准确细节;当然还有研究以及与商业世界的其他财务协作。

可以很容易地说,现代大学的公司化为高等院校的经营带来了很多受欢迎的功效,并吸引了一些极好的企业慈善事业机构。但这也给通识教育和民主教育带来了破坏性的影响。高等教育市场由于无力超越供需的标准仔细评估质量而盲目地向前推进,很大程度上是为了回应公众对证书和工作技能不断上涨的需求。最近被充分记载的成绩膨胀,几乎就是一个丑闻,即便是在最好的学校里也在发生,大部分是消费主义文化的结果。在这种文化中,学生客户受到很多学校宣传的个人天赋开发理论的教唆,将好成绩视为一种资格。[哈佛文理学院的一个前院长写了一篇报告,2002 年由美国艺术与科学学会(American Academy of Arts and Science)出版,其中引证了几个导致成绩膨胀和写不加鉴别的推荐信的原因,并讨论了"大学经营像是以学生为客户的商业运作"怎样导致了学生过度依靠漂亮的成绩单和好成绩。][17]同样无须惊讶,学府机构自我宣传的说辞也都是为了满足学生的期望。对课程安排卓越性的声明通常达到异乎寻常的高度,并且作为一种商业广告性质的公众宣讲被广泛接受。

的确,联邦政府在 1940—1990 年间曾经尝试通过将高等教育基金提高 25 个百分点来将高等教育"国有化",[18]联邦和州教育办公室近年来也肯定尝试过对教育标准施加一些权力。但在大部分的州,大学通过评估机构建立了自己的标准,这些标准在很大程度上取决于大学对如何履行某一类使命的声明,而这类使命很少能具体到能够进行近距离的分析。教育评估协会当然会提出有价值的评价:普通教育的重要性,对创造性的需求,对可持续的大学文化的关注,等等。没有人会错误理解他们职责中最基本的真诚,但是质量的主要标准趋向存在于一所学府机构是否因其雄心而被局限或过度扩张,这种雄心是否能在某种程度上带有意义深远的评定的神话。因而大学选择越来越接近企业质量管理的统计经验主义。这一点可由国会于 1987 年旨在"促进美国商业的竞争力"而设立的年度马尔科姆·鲍德里奇(Malcolm Baldridge)国家质量奖得到证明。2002 年由总统乔治·布什(George W. Bush)和商务部长堂·埃文斯(Don Evans)颁奖的获奖企业是威斯康星大学的一个区域分校(威斯康星大学是中北部联合会高等教育委员会学术质量提高项目的成员)和设在田纳西金斯伯特和圣安东尼奥的两个学校管区(Pal's Sudden Service, Clarke American Checks)。因此,最后所有的质量都是相似的。一家快餐连锁店,一个私有化的支票生产公司,一个天主教学校管区,可以和一所大学相提并论,被埃文斯部长称为具有"追求卓越的激情"。

市场矛盾

市场有非常多的优势。它们给予个人和机构广泛选择的自由,鼓励开展私营经济,并提供获得个人利润的机会。此外,像乔瓦尼·萨托利(Giovanni Sartori)说过的那样,"市场是(a)价格和成本计算的唯一基础;(b)无需成本的管理;(c)灵活并能对变化做出反应;(d)自由选择的补充物;(e)巨大的信息简化器"。[19]很多人相信,因为大学和学院很大程度上是独立的公司实体,高等教育很适应市场,即便是要简化信息或将信息商品化。我们允许自己的生活由同类竞争、消费者需求和国家发展趋势等来决定。我们不断探求能够适应和调节市场影响的方法,但无论是牵扯到财政资助政策,还是在电子传媒研究领域增设新的学位,我们的行为都还有需要不断磋商的模糊之处。高等教育市场具有广泛的平等主义动机,也就是向每一个希望获得中等以上教育的人施教。但它同时也致力于限定一种社会英才教育,即价值不单由智力决定,而是由很多能让一些学生为大学生活准备更充分的社会及经济支持因素所决定。这就是说,我们必须承认,市场支持下的学习民主这种说法本身就是矛盾的,因为它在功能上相当具有达尔文主义色彩。

市场也能创造出可能具有负面作用的外部关系。如果市场不能以人们可以承受的价格提供产品,或者所提供产品的价格不足以补助生产;如果市场提供的产品不需要支付就可以享受,不用发生交易,或者市场提供的某种利益在市场之外可以用别的方法复制——这个市场就算是失败了。目前的高等教育市场受到所有上述问题的困扰,特别是成本问题。对追求利润并且(较次要)基于互联网的私有学校而言,尤其是这样。这些学校可能得到了办学认证,但不会雇用正规的、有任期的教员。它们主要对成年学生出售学位项目,主要以纯粹的信息传播为基础。

追求利润的学校坚持认为,知识仅仅是一种商品,知识就应该被包装上市让公众消费,对这一点毫不含糊。追求利润的学校的做法是通过降低成本、提高效率,以及从根本上简化产品本性,来延伸并抢夺传统市场通过商品化开发而获得的知识。毫不奇怪,传统市场对私立学校持续增加的成功发出大量伪善的疾呼,而事实上正是传统市场借由继续教育学校和专业学校发明了作为商品的知识,追求利润的市场只是找到了配送商品的更有效的方式而已。然而,如果像有些传统机构已经在做的那样,假设大学就是保留在行业里,通过比现在更有力度的投资,专心致力于非传统的教育和专业教育,或者制造更像商品的知识,或者将人力需求外包给辅助教员,并以此来赚取利润,那么它将很难和追求利润的机构竞争。大学的确仍能具有其声望优势,但除非它能从根本上改善在信息相对标准化的领域里传送学位项目的做法,否则将不可避免地被迫全面改变其官僚机构的无效运作。新兴的追求利润的市场是传统市场的外部利益,但它如果不为普遍的社会利益服务,就会对传统学术市场起到负面作用。

因而,知识的商品化对市场既有正面的也有负面的作用,我们当然可以争辩说正是这种象征性知识和商品化知识之间相互竞争的张力,才让高等教育充满活力。市场在模糊和矛盾中繁荣,各种文化的纷争不可避免,象征性的知识将永远难以捉摸。按照定义,美国大学必须服务于很多客户,而且它只有这样做才能健康发展。我们不能将大学的使命一体化,看起来仅仅是因为在社会化的名义下要做的事情实在太多。需求随着时间的推移发生着极大的变化,并且不可避免地要和经济力量紧密联系。试图达到任何同化的努力都可能是匹夫之勇,因为那将释放出乌托邦思想的恶魔。简言之,我们可以很容易地臆测,高等教育市场尽管倾向于反对风险,而且高度保守,但还是充满矛盾。

也许,若像丹尼尔·贝尔(Daniel Bell)所建议的那样,我们根本就

不应该指望通过高等教育来调解社会矛盾:

> 资本主义是一种经济文化体系,从经济角度看,是围绕产权制度和商品生产被组织起来的一种体系;文化上又是建立在买卖交易关系上,影响社会大部分的人际关系。民主是一种得到被支配者认同的、合理的社会政治体制,这里的政治舞台向各种竞争中的利益集团敞开,最基本的独立自由在这里得到了较好的捍卫。
>
> 尽管资本主义和民主在历史上是共同兴起的,并且共同被哲学的自由主义证明是正确的,但既没有从理论上也没有从实践上要求这二者必须结合起来。在现代社会中,政治秩序越来越趋于自主,技术经济秩序的管理,或民主规划,比以往任何时候都更加独立于资本主义。[20]

但这恰恰是需要通过民主的通识教育来陈述的问题。这种对资本主义和民主之间的关系的阐述,以及对象征性的和实用的知识之间的关系的阐述,都断言资本主义对民主没有理论上或实际上的责任,反之亦然。这和我们对通识教育的认识是相关的。大学所属的资本主义市场体系具有强大的社会责任,需要始终如一地将其行为理论化,并进行认真的评估,而不只是简单地赞美其企业家精神如何显赫。经济只是关于买卖的关系,有其适用的法则,而民主则有很多解释要做,并必须不断为其合理性而奋斗。当资本主义的核心矛盾变成我们在社会上和高等院校内部进行交易的矛盾时,我们面临的问题就更加严重了。

因而,我们必须说明的不单是如何定义一些人可能拥有的民主的美国思维这个形而上学的问题,而是在高等教育领域里民主和资本主义之间日益加深的鸿沟。所以,定义一种民主教育的合理性正是时候,也非常必要。例如,文化战争中涉及的问题大都很少触及到大学社会使命的核心中模糊不清的部分。但定义市场本身及其知识的商品化也一样重要,因为二者不能分开。问题的解决办法不单是将教育的价值认定为一种平等主义的社会仪式,或者把大学当成一种精力充沛的具有企业家精神的企业。需要说明的是,后现代大学用什么方法能够为了共同的利益,把对知识的追求和对社会公平和经济繁荣的追求结合起来。我认为要想做到这一点,首先必须对高等院校自身文化的矛盾进行认真的反省。教育改革应该首先从检查高等院校市场文化的社会不平等入手,因为如果不投入力量去分析高等院校自身的经营方式,现有的课程设置将难以避免地培养出精神上分裂的公民。

第二章

大学的消费主义文化

1996年3月,《纽约时报》星期天的"声音"专栏里出现了下面这篇由一个本科生写的报告。报告介绍了关于她个人在一所领先的美国私立大学里的经历。当然,这篇被淹没在商业版面中的报告并没有引起太多的注意。整个20世纪90年代,美国的新闻媒体,包括《纽约时报》和《华尔街日报》,都经常刊登一些报道,讲述螺旋式上升的大学教育成本及其所影响的人口比例不断增高。艾米·吴(Amy Wu),一个打算获得纽约大学历史学学位的学生,针对这个公共问题写出了她个人的但具有普遍性的故事:

> 我是很多将大学教育从四年压缩成三年的年轻人中的一员。但是,我决定提前一年毕业和个人的雄心关系甚小,而是想节省一大笔钱。
>
> 我在入学之前就已经决定提前一年毕业了。学费……大一那年是16,000美元左右,其后每年的增长远远超过了通货膨胀率,住宿和书本还要再花费几千美元。财务补助办公室不予帮助,所以我父亲决定将房屋按揭重新贷款,我也计划在上学期间找一份工作……
>
> 我对高等教育的兴奋心情随着每次父亲收到学费账单而减少,而学费在我大三时已涨到19,000多美元。我几乎对自己上大

学感到负罪和歉疚。

高中的时候,我和我的朋友等不及想要上大学。我们对布满常春藤的校舍、终生的朋友和浪漫的舞会充满典型的理想主义向往。大一之前的那个夏天,我们看着课程手册,什么课都想上,什么都想学。但我们的热情随着学费的重压而减退,而学校曾保证只有在高等教育资金紧缩时才上涨学费。

所以我的朋友和我开始将对大学的爱好转向删减不必要的部分,我们在精打细算和节约开支方面变得足智多谋。我们从图书馆复印书,而不是每学期花500美元买课本,还有一个同学利用大学书店两周内退款的政策,她把书买回来,阅读并复印,然后在到期之前退还给书店。

我的室友买了读书笔记而不是买真的书,因为读书笔记价格便宜,而且容易理解。我们很多人都用奇怪的选修课来累积学分,我沉湎于现代舞和中国烹饪中,其他人则在钻研猫王音乐的意义和飞碟的历史。

最后,高等教育的高成本造就了一代人,他们对降低成本的决定大大改变了上大学的体验。由于越来越多的学生提前结束学业,用更多的时间打工来支付学费,或选择能负担的社区大学,而不是无法负担的享有声望的好大学,几乎没有时间考虑大学时代的友情,没有时间毫无压力地学习,无法从容不迫地向成人期过渡。现在年轻人更多地是在担心债务,而不是学校里学术讨论的质量,或怎样度过匆忙的一周……

渐渐地,我发现了所有这些现象中的悲剧。我生长在一个渴望教育的家庭,我父亲相信"学习得越多,赚取得越多"。我学习了,但并没有学到我想学的一切。

对大学教育过度缩减的一代人,其后果可能包括素质偏低的劳动人口和知识偏少的成人人口。但最不幸的是对高等教育观念的改变。对太多我这一代的人来说,高等教育已经变成人生中令人烦恼的一个阶段,我们不得不忍受这个阶段只是为了满足市场对装饰美观的一纸文凭的需要。这现在更像一种负担，而不是利益，更像一种受罪，而不是一种渴望。[1]

任何在美国大学里任教的人都势必承认这位吴姓同学的处境。她已经意识到自己不得不成为一个高等教育的成功消费者，而不是像她曾希望的那样，成为沉湎于学习的浪漫中的年轻人。当然。只有在我们接受她是屈于费用的压力被迫进入当前这种状态的这个意义上，我们才会被她的论点说服。不管情形如何，一旦一个人进入了大学，通识教育有可能在指导老师的大力协助下离开现存的课程自成一体吗？答案当然是肯定的。但那不仅预示着要有强有力的指导，还需要有大家对通识教育的共同认识，以及大学是否会不惜任何代价来强调通识教育的价值。在吴同学的例子里，如同在很多其他人的例子里一样，学历证书才是被重视的东西，这也是很可以理解的。

没有人确切地知道有多少学生会如此看问题，或者有多少学生会像这个年轻女子和她的朋友那样对学费做出反应。统计数据在这里帮不上什么大忙，吴小姐关于需要抄袭课本的论述也不完全令人信服。学生们为了保持高 GPA（总平成绩）而对他们认为容易的课程感兴趣，缩短攻读学位的时间也不再是什么新鲜事。学生们总是会去读一些笔记，也总是要选修几门所谓没价值的课程。没有理由让我们相信，如果有更多的时间阅读或者有更多的钱可以拿来买书，学生就会改变自己的习惯。另外，谁又能说，在这个复杂的文化研究的年代——纽约大学的教员们很精于此道——关于猫王或飞碟的课程就一定是没有实质意义的？

此外，在 20 世纪 90 年代末期，吴小姐的研究课程是例外而非常规的。1997 年美国的公立及私立大学中只有 59% 的 18 岁学生能四年毕业，剩余的人常常要花更长的时间。[2] 2000 年，毕业人数下降到 53%。[3]而且，有天赋的学生常常能加速获得学位。在过去的 10 年里，的确存在校方热情鼓励三年制学士学位的情况，至少从奥伯林大学的校长弗雷德里克·斯塔尔（S. Frederick Starr）1991 年首次表示支持这种选择以后开始，校方指出这样可以减少学生 50% 的成本。招收有天赋的学生方面不存在问题的大学以赞许的眼光看待缩短本科学习时间这件事。同时,在选择较少的学校里,加速获得学位也越来越普遍。

而吴小姐的陈述——不要太诋毁它——不单是关于在大学花费的时间或高成本学费的问题。它反映出了目前高等教育中存在的很多问题,我想在此做一个总结。

首先是企业家精神。资本主义后期的高等教育越来越向机会主义看齐,因为它欣然认为自己具有企业家功能。《华尔街日报》1997 年的一个大标题写道:“名牌大学的殿堂效仿商业殿堂。”[4]而同年的《经济学家》杂志发表了一篇很长的调查详尽的报告,说明现代大学如何和过去的大学毫不相同。作者写道:“现在的大学不掩饰自己的俗气,庆祝他们成为实用知识制造者的成就。”因此教员变成了“知识工作者”,学生变成了“人力资本”,对知识的投资就是对成长的投资,因为知识“不大是一种道德或文化力量,更是一个在技术导向经济里的新产业孵化器”。总之,后现代大学是“知识经济的发动机房”。[5]

在企业家文化里,质量和高成本之间有一个制定好了并不断发展的方程式,这一点毫不奇怪。这个方程式助长了寻求低价和规避高成本的需求。只要去看看大学的官方网站,就能发现我们是如何尝试让事物以最佳面貌呈现出来的。这样做的目的,当然是为了鼓励想上大学的学生,尽管高质量教育的标价实际上让很多人都不敢问津。这对社会和学院都有很明显的附带结果,从限制学生入学,到负担得起的教育,到对提高标准缺乏激励,到除非能看见现在的投资对未来的收益大有裨益,不然就会对花费高额学费有所担心。例如,一份发表于 2002 年 1 月并被广泛阅读的报告指出:“几乎所有的私立大学和大部分公立学府对学生来说不是太挑剔就是太昂贵,学生若想上大学,很难不把自己和家庭置于‘严重财务困难’的状态,或做出‘巨大的财务牺牲’……报告总结说全国 1500 所私立大学中只有少于 100 所学校对成绩平平、生活贫困的学生来说,是‘基本上可以入学并且能够负担’的,因为私立学校趋向于比公立机构的选择性更强,费用更高。”[6]

其次是多样化:变化中的学生人口构成和动机。20 世纪 90 年代的大部分时间里，符合以下特征的人群数量明显缩小。这些特征是：寻求大学教育，有竞争力，愿意全日制学习，传统上是 18 到 21 岁之间。1998 年该人群的数量还达不到 1980 年的水平。亚瑟·莱文(Arthur Levine)在和詹尼特·克里顿(Jeanett Cureton)一起写的一个研究报告中写道："到 1993 年，38% 的大学生年龄超过了 25 岁，61% 在工作，56% 是女性，42% 在业余上学。"[7]政府统计数据说明，到 1995 年，年龄在 25 岁或以上的学生数量比例已上升到 44%，而业余时间上大学的学生比例上升到 50%。尽管 1998 年以来 18、19 岁的学生招生状况不错，但笔者写本书时所能找到的最新数据——1998 年的数据——显示，年龄超过 25 岁的学生比例平稳保持在 41%—42% 左右。然而，国家教育数据统计中心的预测显示，从 1999 年到 2010 年 25 岁以下的入学学生比例将上升 24%，而 25 岁及以上的入学学生比例则只上升 9%。[8] 1990 年至 1999 年之间，白人学生的数量上升了 22%，而黑人学生数量上升了 70%，西班牙语学生数量更上升了 162%。截至 1997 年，美国大学中有 27% 的学生是少数民族，而 1976 年只有 16%。[9]

简言之，众所周知，近年来大范围的人口变动使得大学生人口组成更成熟，更多样化，高等教育对这样的人口构成意味着很多东西。对年长一些的学生来说，获得大学教育是包括工作和家庭在内的数个社会责任之一；对很多少数民族学生来说，为了实现社会和经济流动性亟需大学教育；而对所有的学生来说，想在可负担的价格之内找到最佳质量的教育似乎比以往任何时候都难。因此越来越多的学生寻求一种对用户友好的、有支持作用的、既能让钱花得值又能提供有用的文凭的大学经历。即便学生们在其需求中不是公然地主张消费主义，但那些传统上可能认为通识教育的首要任务是形成理智思考、塑造智力的人仍然会认为学位更多地是通往成功的通行证。

这样的消费者比以往更容易受到心理的打击。莱文指出，今天的学生"在大学里受到的打击和伤害，比以往任何时候都要多"。[10]他总结了 90 年代末关于学生素质的悲观主义：

> 传统的大学生正在改变，而且改变的方式将会影响到教他们

的老师。他们不再像前辈那样为大学生活做好了准备,其结果是,对补习的需求不断增加。根据我1997年做的一项学生事务办公室的全国调查,在过去的十年里有将近3/4(73%)的高等院校中,91%的两年制大学和64%的四年制大学,需要补习的学生比例都在上升。今天,近1/3(32%)的本科生报告说选择了阅读、写作或数学的基本技能课程或补习课程。1995年,超过3/4的高等院校设置了阅读、写作和数学的补习课程。1990年至1995年间,39%的高等院校报告这几方面的注册人数在增加,而只有14%报告这几方面的注册人数在减少。

根据高等教育研究协会所做的一项调查,只有1/4(25%)的教员认为他们的学生"学术上准备充分",而10个人中不到4个(39%)对学生素质的评定是"满意"或"非常满意"。结果是教员被迫要教越来越多的基本技能课程,致使他们所授课程的整体水平下降,导致高级课程数量的减少,因此不像过去那样能够享受教学和学习的乐趣。1997年的学生事务调查显示,45%的教员与现在的学生相处比以往舒适感要少,这种感觉在四年制学校(53%)比两年制学校(37%)更甚。[11]

在高等院校工作的我们很少能避开这一代学生的消费主义或心理脆弱的问题。莱文指出,他的调查显示出很多学校的不良现象呈现上升趋势,具体情况是"饮食紊乱(58%的学校),课堂破坏(44%的学校),滥用毒品(42%的学校),酗酒(35%的学校),赌博(25%的学校),自杀倾向(23%的学校)"。[12]2002年1月13日,《纽约时报》一篇题为"需要治疗的一代"的长文报道说,大学心理咨询服务中心对学生的治疗性干涉大量增加。很多有精神病治疗史的学生进入了大学校园,根据这篇文章,"对全国心理咨询服务中心主任的调查投票中,85%的人报告说发现更多的大学生有严重的病态,包括学习障碍、临床抑郁症和双重人格"。[13]

学生的学习习惯也发生了变化。《高等教育年鉴》(1998年1月16

日）在报告加州大学洛杉矶分校高等教育研究学会开展的年度新生调查结果时评论说："今年（1998 年）只有 34% 的新生说他们每周至少用 6 个小时的时间来学习或做家庭作业，这个比例 10 年前是 44%。"根据 2001 年 1 月公布的数据，一周至少花 6 个小时学习的学生比例在 2000 年的调查中下滑到 33%。《年鉴》推测说："美国家庭生活的改变可能导致了学生学习兴趣明显下降，（1997 年）约有 26% 的新生来自于离婚家庭，比 1972 年第一次问这个问题的时候多了 3 倍。约有 39% 的新生每周至少工作 16 小时，5 年前只有 35%。"虽然如此，截至 2000 年，学生的热望并没有减少（UCLA 调查中指出）：和 1987 年的 34% 相比，今天有 47% 的学生计划完成硕士学位，19% 计划读博士学位（和原先的 10.4% 相比），21% 希望能以优等生成绩毕业（原来是 11.9%）。

莱文通过调查还总结出，剽窃和作弊、学生违法行为以及学生资助成本可观地上升了，"校园越来越不像教员和学生的社区"。同时"逾 61%（的学院）报告说他们提供的心理咨询服务大大增加了"。[14]《变革：高等教育》杂志的编辑特德·马奇斯 1998 年早期写的文章支持了这种说法："我过去两年在校园中看到的最恼人的事就是学生的游离状态。这不是我们多年来听到的关于学生准备不足（尽管这还是真的）的抱怨，而是 90 年代的学生表现出来的更多的消费主义、不文明，以及更多地关注在校总评成绩和学位。"几个月后，他在另一篇文章中补充道，"全日制学生典型的时间分配预算包括一周看 15—20 小时电视，用 20 小时享受安逸，从事有收入的工作 15—30 小时，而只有 8—10 小时的课堂外学习时间。"[15]显然当很多人谈论减少课程的时候，其参照是复杂的社会现实。

UCLA 对新生的调查结果显示，今天的大学生所面临的挑战更加具体。1996 年约有 1/3 的入学新生高中平均成绩是 A，85% 的学生有 B 或更好的总评成绩。2000 年，成绩是 A 的学生比例上升到 43%，逾 93% 的入校生平均成绩是 B 或 B 以上。整个 90 年代里，逾 70% 的被调查学生认为上大学最重要的原因是"能找到更好的工作"。

证据表明，学生文化特征在过去的 30 多年里一直在改变，变得越来越像市场本身:某种程度上被估计过高,并受到提高经济能力的需求的推动。大学教育被普遍认为是一种资格,是实现社会及经济流动性的敲门砖,这对我们构思通识教育的方法提出了挑战,我们应该如何"推销"全部的课程,如何通过学生生活机构的组织来使学生社会化。

具有讽刺意味的是,即便我们对大学新生的技能不合格表示哀叹,艾米·吴这种个案还是相当普遍,特别是在有才华的中等阶层和低收入学生之间,他们必须靠打工来维持学业,而不能在高等院校的殿堂中闲庭信步。2002年一篇由州立公共利益调查团(State Public Interest Research Groups)编辑的题为《借款的负担》的报告中的统计数据显示,学生债务1992年至2000年间翻了一倍,从平均9,000美元多一点上涨到将近17,000美元。[16]特别是对这群人来说,高等教育的商品化最有可能随时代的发展而加剧。另一方面,也有可能大学新生——特别是如果高中阶段不能让学生对上大学的准备更充分——将趋向两个极端:需要补习帮助的学生和天份很高但为了避免高成本而努力用最快速度完成学业的学生。我们越是通过高价格体系来强化学位可以是各种尺寸和质量的证书这个概念,就越有可能鼓励有跳级能力的学生缩短学习时间。2000年,超过43%的高中生参加了跳级考试。

第三是课程改变和成绩单的价值。本科通识文科教育的课程内容在近20年里一直处于转变状态,这是文化战争的主要原因之一。性别、人种、等级和种族划分的政治意识增强,驱使很多学院修改其普通教育研修课程。例如,当我们面对一个多元文化的班级时,如果历史提醒学生他们的人民曾经是历史进程中的牺牲品,我们就很难断言白人的西方文化具有持久的价值。

也许同样重要的是由教员的发现所引发的变化。这些发现在教育刊物和书籍中被大量讨论。这些发现包括:学生在被置于活跃的、解决实际问题的情境里时学习效果最佳,例如实习、独立调查项目、学习小组等,而不是在被要求被动吸收数据或抽象知识时。[17]他们对有组织的、精心构思的信息源反应迅速,对宽泛的抽象概念没有太多反应。因此围绕案例的学习变得非常重要。知识像日常生活一样,在天性上就具有深深的跨学科色彩。而高等院校中的每一门课程在积累历史知识方面都有独占鳌头之处，教员们经常不得不学习如何为了相对分散的后现代世界分配和重新定义知识，以便能使他们得到有效的展示。

超越课程之上的是对学位证书的辩论。马里兰大学校长唐纳德·兰根伯格（Donald Langenberg）曾经说过，学位和文凭本身在数字时代正逐渐变得过时，“很多学院和雇主经常抱怨说，大学毕业的要求主要是通过一系列课程的考试，却无法确保毕业生在毕业时，或职业培训中，或工作岗位上，具备所必需的个人素质和技能”。兰根伯格建议：

> 我们必须放弃某些旧有的观点，不能把年龄和正式上了多少特定数量的课程作为衡量一个人接受教育的主要依据，或把在课堂里或工作中发挥的作用作为评价一个人能力的指标……
>
> 我们应该重视一个世纪前就发生过的激烈讨论（关于从幼稚园到16岁的教育系统的目的和层次），并且从头到尾重新考虑该系统的整个结构……如果我们成功地作出正确的改变，教育将是任何有准备的任何年龄的学生都可以接受的，我们要根据学生的情况因材施教，而不是强迫学生适应教育机构的安排。
>
> 要求学生一个学期必须在同一间教室里上45次由一个教授所讲的课，将会变得很反常，学习将在任何学生可以连接到互联网的场合发生。学生将能够在教育机构间轻易转移，可能同时在几所真实的和/或虚拟的大学中注册，或在学习一门高中水平的课程的同时向大学教授学习其他课程。
>
> 一个世界性的“大学学分银行系统”必将演化而成。学生们将在生活中的不同场合展示他们掌握的某种技能，并将为其成就而获得证书……
>
> 这样一个教育系统在人类如何学习这个问题上会有更大的意义。认知科学的科学家们向我们昭示了教师长期觉察到又被长期忽视的问题：不同的人用不同的方式学习，其学习速度也很不一样。幸运的是，新兴技术将能够提供新的教育体系所需要的用户定制和“连通性”。我们很快就会有机会也有义务让课程去适应每

> 个学生特殊的认知方式和特征……
>
> 我们不能让里程碑变成重担,不能继续看着文凭变成教育结尾处的一个符号,或看着学位成为继续学习的必要或充分条件。我们必须重新思考用以鼓励、评估和记录适应不同年龄学习者的教学方法。也许以后会有能够替代学位和文凭用来鉴定学校效果的更好的方法。学生的成绩未来不管以什么方式呈现,都必须传达更多的实用信息和更大的预告性价值,而不是我们在毕业典礼上颁发的几张纸。[18]

鉴于高等教育的组织、终端和受众的不断变化,且不说人们对“以知识为基础的经济”的全部兴趣,回到对吴小姐所描述的通识教育的浪漫争论能有帮助吗?提醒自己把大学时期作为一个特殊的成长阶段,即用心从事智力开发和社会性发展的阶段,理解个人自由和负责任行为的阶段,发现成年人快乐选择的阶段,甚至是人生最浪漫的阶段,能有什么意义吗?如果兰根伯格的梦想能够得以实现的话,事情会有所不同或变得更好吗?

浪漫的评论可能会认为艾米·吴的观点很好,而大学就应该让学生有雄心扩展知识面,有兴趣向往学术成就感,而不仅仅是为了一张装饰美观的纸。但这种讯息对今天的很多大学生来说都是令人厌倦和伤感的,他们在市场压力和创造性解决财务问题的世界里快速成长。来自于通识学科的知识和来自于知识经济的知识相互竞争,使我们不能像传统的通识学者认为的那样,轻易做出决定。同时,消费主义——不管是出于真正的财务考虑或是仅仅出于对增值选择的高度敏感——却在客观上大大推动了今天高等院校的很多思想。

但是有谁能责备学生成为自我意识极其强烈的消费者呢?高等院校不能始终如一地保留住通识教育可贵的奥秘,学生在高中阶段深感功课枯燥,又缺乏自我能动性——吴小姐那样的大学生的命运也好不到哪里去。如果教育成本高到无可忍受,学生就必须找到缩短整个过程的方式,并试图在保证所购买产品的完整性不受到破坏的前提下减少学费。因此,如果学位只是一种用三年而不是四年的时间就可以买到的证书，大学也通过减少本科阶段的通识文科课程来鼓励这种证书主义的话，那学生还为什么偏要支付有些大学所收取的成百上千的额外费用呢？

螺旋式上升的学费

学费一直是最大的问题。对学生、家长和普通公众来说，现代大学公司化思考方式最明显的征兆就是它索取一个市场所能承受的费用，这个费用是提供教育的价值，同时也使得附加值、利润率等词汇在这种非营利企业中具有了意义。因此，在听说艾米 · 吴的故事后，我的第一反应便是，上升中的大学费用如何日益威胁着贫穷的和大量中产阶级的学生去昂贵的学校上学，并很少能让学生在学习过程中感受到附加值。这种现象是大家已经很熟悉的公众问题，放在这里显然有些牵强附会。

成本问题是现代美国大学面对的危机中最受公众所关注的。这个问题曾数次被提出并被记录，尤其以教育资助理事会（Council for Aid to Education）发表的一篇题为“打破社会契约：高等教育中的财政危机”（Breaking the Social Contract: The Fiscal Crisis in Higher Education）（1997 年）的报告措辞最为激烈，论点最为鲜明。这篇由公立和私立大学的行政长官以及公司高级管理人员组成的委员会撰写的报告，提出了一个简单的问题：“现有的收入基础和资金来源足以满足高等教育未来的需要吗？”报告不客气地给出了结论：“在一个对有价值雇员的受教育水平要求日益增高的时代，成百万美国人将失去上大学的机会，除非在控制费用方面发生彻底改变，停止学费的剧增，并增加其他收入来源。”

报告假设高等教育的平均学费额度从现在到 2015 年之间的增长“不会快过通货膨胀率”，并以此为基础进行计算。这当然是乐观的估计,因为这样一种有控制的增长在过去的10年和新千年的开始都不曾有过。正如政府《教育统计数据文摘》中所说的那样:“1986—1987年到1996—1997年间,调整了通货膨胀率之后,公立大学的收费上涨了20%,而私立大学的收费上涨了31%。”[19]总审计局1996年发布的数据描绘了更黯淡的景象:“1980—1981学年到1994—1995学年之间,学费上涨了234%(可能是按照未调整过的美元价值计算的)……同期,收入增加82%,消费品成本上升74%。‘家庭收入中需要用以支付大学费用的比例几乎翻倍。’”[20]我们还可以加上,从1996—1997年到2000—2001年,仅仅5年时间,公立学校的学费又进一步上涨了18%,而私立学校上涨了27%。以定值美元计算,公立四年制学校的学费在过去15年涨幅为69%,而私立学校更是高达82%。[21]的确,90年代后期股市高涨帮助一些人缓解了支付教育的经济压力,但没有哪个理智的家长或行政官员会依赖市场表现来为经济稳定做计划。自从股市崩溃,大部分学校获得捐助的数额显著下降,美国几乎所有私立高等院校2002—2003年学费都上涨了5%以上。[22]

的确,正如理事会报告接下来所说的那样,即使1997年后学费每年都处于2%—3%的低增长率,“美国高等院校用于教育2015年预计学生人口的年预算将短缺380亿美元(按1995年的美元价值计算)。然而,如果学费按照目前的速率增长——基本上到2015年会翻一倍——对入学率的影响将会是破坏性的:实际上将有一半想要接受高等教育的人会被拒之门外”。1999年私立学院的学费上涨了4.6%,2000年涨幅是5.2%,四年制公立学校这两年学费的涨幅分别是3.4%和4.4%。这期间的通货膨胀率只有3.4%。2002—2003年度,学费涨幅平均可能会高于5%。财政紧张的征兆非常明显:和1980年的41%相比,现在59%的财务资助是借款,同时“过去20年里对每个全日制学生的平均资助额提高了74%,学费和其他费用根据通货膨胀率调整后上涨了一倍多,而家庭收入平均只增加了20%”。[23]

社会、文化和经济的含义是巨大的,如果我们把对通识教育内容的很多担心和学费成本的问题放在一起,前者就会显得很苍白。高质量的通识教育的价格只有少数人能够承担,而相对便宜的在线职业学习,或毕业后能获得高回报的常规学位,将最终成为风尚,这样说并不夸张。进而,在试图保持实际成本和价格间适当的利润,努力寻求收入以支持研究、师资力量和学生需求,以及竭力维持过去20年在全国各地涌现出来的昂贵的校舍和设备等等压力下,除了最富有的那部分高校之外,其他高校都会崩溃。而和教育机会减少、多数大学生及其家庭财务状况极为困难这种社会影响相比,上述那些都不算什么,因为我们将教育下一代的负担转移到了下一代自己身上。在美国致力于大众高等教育工作一个世纪之后,就在世界其他地方似乎要下定决心效仿美国的做法的这一刻,通向最佳教育的开放通道受到了威胁,这是多么具有讽刺意味的事。

学生们如今财务悲哀的征兆之一是学生借款大大增加,例如,家庭教育贷款翻倍,从1990年的126亿美元到1999—2000年的逾240亿美元。联邦学生资助金被认为是帮助学生家庭支付大学费用的,然而在1980年一项“羊皮卷助学金”(Pell Grant)可以负担约38%四年制私立大学的平均费用,到了1999—2000年度只够负担14%。以下事实让问题更加严重,羊皮卷助学金中只包括30%的联邦学生资助金,而2001年的最高额助学金只有3000美元。[24]联邦政府1996年支付的350亿美元学生资助金中,70%用于贷款,这对贫困家庭来说可选择性相当小。1999—2000年度,情况稍好一些。但是,据大学校董会反映,680亿美元可用于助学金、贷款和工作效率研究基金的经费中,仍有59%是贷款,而仅有40%是助学金,基本与1980—1981年的比例相反。[25]同时,因为房产不计入家庭资产,越来越多的高收入家庭具有了申请学生贷款的资格。

教育部1995—1996年对约35,000名学生进行了抽样调查,发现一半学士毕业生负有联邦贷款债务:“1995—1996年公立大学学生借款平均数额为12,000美元,三年前是7,400美元,而在私立大学平均为14,300美元,1992—1993年度则为10,200美元。”[26]由学生贷款提供人奈丽·梅(Nellie Mae)开展的另一个研究项目“发现,学生贷款平均债务额前6年增加了一倍多,从1991年的8,200美元增至1997年的18,800美元"。[27]2002年,根据上述"借款负担"的报告,39%的学生毕业时负有"难以处理的学生贷款债务水平"。报告估计1/3的学生毕业时负有20,000美元或更多的教育贷款。[28]低收入学生背负着"难以处理的"债务负担,黑人学生(55%)和拉美学生(58%)同样如此。美国2001年人口普查数据"认定2000年全年,拥有学士学位并全职工作的年轻人平均收入是32,101美元。这些人的年龄在18岁至24岁之间"。[29]1997年8月的《高等教育年鉴》总结了另一个关于大学毕业生债务状况的报告:"典型的借款上大学的毕业生每月要支付852美元的债务,包括学生贷款、汽车贷款和信用卡。债务增长最快的部分是学生贷款和信用卡。1996年约67%的大学生有信用卡,而1990年这一比例只有54%。"[30]2002年毕业的学生借贷者平均信用卡债务是3,176美元。[31]

除了借更多的钱之外,学生在大学期间还要工作很长时间——美国教育委员会认为大学生的工作时间过长。有80%的学生本科期间同时在工作。这些学生中的确有1/3是来参加大学教育的全职雇员,但另外2/3是平均每周工作25小时的传统本科生。[32]

毫无疑问,将支付大学学费的负担放在学生肩上已经造成了学生精神和现实两方面的问题,而联邦政府或州政府的政策中似乎没有对这些问题给予足够的重视。美国教育委员会的特里·哈特尔(Terry Hartle)曾说:"认为成年人会为下一代支付大学教育费用的社会契约已经被粉碎。大学生是用户付费概念普及的牺牲品。'让收益人付款'已经变成一种对各级政府的普遍限制。其结果是很多有财政压力的州议会强迫公立大学近几年大幅增加学费,相应地迫使学生借款越来越多。"[33]当然,私立大学的学费和其他费用增加效果更甚,私立学校的新生流失率1983年至1996年间上升了三个百分点,升至接近26%。(公立大学同期的新生流失率基本保持在29%不变。)[34]

学校现在也觉得很难控制学费的增长。实际问题是它们不能有效地通过用机构资助款折扣学费价格来补偿学费的上涨,除非像一些常春藤盟校那样,能有可用的捐赠款。此外,为了维持和提升学生素质,将机构资助款从经济弱势的学生身上转给不需要钱的学生,也已经是常有的事。

但除了高学费——事实上很多人会说主要是因为高学费——美国大学里存在着另一种新的矛盾。越来越多的学生和家长被迫接受大学学位膨胀的价格,因为经常被引证的事实说明大学毕业生的赚钱能力比高中生高得多。人们对通识教育不惜代价的浪漫甚至有了一种留恋和怀念,现在的通识教育因其稀有而具有某种优越感。但并不是所有美国人都会同意获得高质量通识教育应该是一种逆来顺受的经历,或如同购买一件奢侈品。拥有昂贵的大学教育可能不是宪法规定的权利,但高昂的学费成本正在破坏长期以来由高等教育带动的社会流动性。具有讽刺意味的是,这一问题同时带出了另一个问题——过多地投资高等教育和过分强调文凭所能带来的社会流动性之间到底是一种什么样的关系。

教育社会学家大卫·拉巴里(David Labarec)在其就高等教育中的文凭主义写的研究报告提及了这一点:

> 现在是该考虑上大学和社会流动性之间的联系是否弊大于利的时候了……获得成功的过程经常与获得教育的过程相扰,而……获得教育的过程经常使获得成功变得更难……与其争论说我们为了成功需要赋予教育一种更公平的机制,不如说我们应该逐步改变获得成功是教育的中心目标这个想法……
>
> 追求深造在不经意间预示了公众教育系统将转化成个人进步机制。在这个过程中,曾在定义教育更大范围的社会利益这一重要的公众目标时——塑造了有政治能力和社会生产力的公民——失去了其重要基础,变成了用公众成本换取个人进步的狭隘追求。其结果是普通学校变得日益不普通,越来越注重选择制造具有象征意义的差异,而不是创造可以共享的实质性成绩,教育中作为公共利益的社会兴趣正日益失去其生存的土壤,被作为私有财产的个人兴趣所占据。[35]

我在本书中讨论的中心问题正是将新生的通识教育作为“共享的实质性成就”,而不是“选择性的、有象征意义的个性化产物”的重要性。很简单,当只有9%的人口选择每年学费20,000美元或更高的学校,而逾70%的人选择学费8,000美元或更低的学校时,问题就不是找到一所“学费正确”的学校那么简单了,而是对那些想受教育也有资格受教育的人来说,选择任何一种教育的可利用性。[36]在公众担心学费成本、学位贬值、学生负债的前提下,高等学校这个大浴盆里的水温近年来很明显在缓慢增高,已经到了置身其中的人开始尖叫的程度了。而那些刚刚注意到自己已经在热水中待了一段时间的人,又不知道怎么才能跳出浴盆,他们的叫声最高。当我们的国家带着更多的对市场前景的无言欢喜进入新千年之际,我们发现自己重又提出了市场使命和本科学位的意义如何才能从市场的不确定性中隔离出来这个大问题。

做生意的成本

为什么学术商业文化会变得如此矛盾而事情也变得越来越难办呢?首先是因为将教育托管给了不规范的市场经济所导致的结果,其次是因为大学还没有完全被公司化。各学校的财政危机是各学科保持传统知识结构的结果,同时也是试图回应大量课程挑战的结果。而且很多学校在发展中不顾运营成本的膨胀,并没有重视入学情况的不可预见性,以及各学校之间对高素质学生的激烈争夺。另外,政府在1990年之前和之后对高等教育的投资增长比例也大大低于入学人数上升的比例。学生数量的减少是目前存在的一个严重的市场问题。1960年至1970年间,所有在公立及私立四年制学校第一次注册的新生人数上涨了60%——如果算上社区大学就是100%。然而,1970年至1980年间,四年制学校新生注册人数基本持平,而两年制学校增加了46%,1980年至1995年间各公立及私立大学注册情况保持不变,1995年记录在册的入学新生人数和1970年的相同,而1997年的人数和1973年的人数基本相同。[37]

长期以来一直存在的问题就是对高等教育的投资不足,以及高等学校应对市场变化的能力太差,特别是在需要减少学费及提供充足财政资助的情况下。20世纪80年代和90年代,高等教育的财政状况日益受到关注。我们已经注意到,20世纪80年代到90年代中期公立及私立四年制大学的学费都几乎翻了一倍,学费上涨率甚至超过了满足学校开支所必需的费用。尽管可以争辩说自由市场体系不可避免地创造出了多种多样的价格和价值,但同时有很好的理由可以认为,大学是在用一种极具攻击性的方式自愿开发市场。学费上涨的拥护者们指出,为了应对更加多样化的学生团体,这个时期所提供的课程迅速增加,因而支持这些课程的员工和教员的薪资也必须同时增加。

但是20世纪80年代的确为计划未来提供了一个可靠的财政基础。尽管来自每个学生的收入一年只上升了约2%,但超越了70年代的收入下降。而从1980年到1990年收入增加了一倍多(从600亿美元上升到1350亿美元)。州政府基金从200亿美元提高到400亿美元,联邦政府基金翻了一倍(从100亿美元提高到近200亿美元),销售和服务有了客观的增长(从140亿美元到350亿美元),提供了大量所需的投资资金。上扬的股市也带来了大量的捐赠资金。简言之,80年代是高等院校可以为未来的成长更好地奠定基础的时期。它们开始效法公司作风,大量赢得和使用联邦"津贴",累积了一定量的资金(但还不够),将有力的公共关系部门安放到位,并开始了现在戏称为"芝华士皇家效应(Chivas Regal effect)"的动议——价格和质量之间的平衡。然而这一切并没有抑制申请上最好以及最贵的学校的人数,学费比现在抑制申请人的数额要高,四年的学费将近140,000美元。家长们那时可以,现在也可以利用个人资源、信贷、借贷和政府贷款来追求金文凭,尽管中等家庭的收入在过去25年只提高了10%。几乎所有的高等院校都觉得它们甚至现在都还可以继续将学费提高到远高于通货膨胀率的程度,用一些评论员的话说,就是纵容了这个时代的贪婪。

根据美国教育委员会和大学校董会委任的一项调查报告《螺旋式上涨的大学学费》可以看到,公立大学的州政府资金下调、为有限的学生数量而竞争、教员工资上浮,以及改善学生设施等,是导致学费上涨的几个主要原因。[38]因为很多学校的捐赠收入不佳,为了保持竞争力,最基本的就是增加非常需要的校舍和教员投入的开支。但学费的普遍大幅提升遭到了分析家的质疑,他们强调这个阶段公立学校来自州政府资金和捐赠的收入实际都增加了。富有的学校可观地变得更加富有,但它们的校舍和设备并没有显著的改善。简言之,很多学校继续大幅提升学费是因为他们觉得市场可以承受。

但真实的问题,当然不仅仅是纽约大学和哈佛大学的学费是多少。重申一次,全国约略只有9%的学生会去念学费20,000美元甚至更高的学校。根据校董会记载,"几乎一半的四年制大学本科生支付的学费及其他费用低于4,000美元……而44%参加两年制公立大学的学生,平均学费低于2,000美元"。[39]我们可以争论说最好的教育必然最贵是不合宜的,但很多人也会说并不总是这样。据说我们可以用低廉得多的市场价格获得同样优质的教育。不管这是不是真的——我们也无法确切地了解——我们关心的是中等收入学生家庭和那些根本没可能负担得起高学费的学生所面临的压力。较便宜的学校的文凭价值很少能和昂贵的精英高校的文凭相比拟,贫富之间的鸿沟加宽,使得很多人都很难获得任何质量适当的大学教育,特别是在一个设计了市场体系去配合大众教育的国家。同一份校董会报告评论说,"由于过去20年家庭收入增长普遍不景气……大学学费上升的趋势给中低收入家庭带来了一道难题。中等家庭的收入1981年后只增加了20%,而公立和私立四年制高校的学费平均涨幅翻了一倍还多。同时,学生资助金总值增加,但不足以平衡学费的涨幅,并且资助金的增长大多是以借款的形式实现的"。

根据最后一次人口调查的记录,全国四口之家的中等收入(60,000

美元)限制了大多数学生取得大学学位,即便是在公立学校也是这样。70%的学生人口在这种收入下一年支付8,000美元或更少的学费也会有些困难。2000年加州大学洛杉矶分校新生调查显示,46%的学生来自于收入在60,000美元或更低的家庭。另外29%的学生家庭收入在60,000到100,000美元之间。来自收入低于100,000美元的家庭的学生——75%的学生——如果没有充足的财务资助,想得到私立高等教育无疑会更难。

所有这些问题特别影响了贫困学生和少数民族学生,尤其是当少数民族人口呈上升状态的时候。对他们中的很多人来说,公立学校的学费都已经太贵,更别说住宿和其他的支持了。很少得到州政府财政资助的学校,大部分资助也不是给了学生。首先在一些专业学校,很多需要获得资助的少数民族学生很少被录取。加州大学伯克利分校法学院1997年的新生班,由于取缔了赞助性资金,就没有黑人学生入学。具有讽刺意味的是,尽管私立学校的学费更高,但因为他们有特别的校际津贴,他们招收的少数民族学生的比例往往比公立学校高。但这类少数民族学生的毕业比例并不高,因为财政问题常常使得他们很难保持学籍。

在高等院校的市场文化中矫正学费成本日益上涨的良方,当然是折扣和津贴。2000年有近680亿美元的财政资助,大部分来自联邦政府,但还包括20%来自高校自身的助学金和贷款形式的分摊额。根据大学校董会《2000年学生资助趋势》(Trends in Student Aid 2000)报告,这个数额在过去10年内翻了一番。

财政资助主要是用于帮助有财务困难的学生,并常常尽可能让学生去上自己选择的大学,但并不是简单地出于慈善和利他主义精神。财政资助还用于平衡学生来源,即给学校在招生人数、素质水平和多样性方面更多的自由,以便让他们塑造自己想要的学生团体。而反过来,这又迅速变成大学不考虑学生需求就调节大部分学费收入来源的委婉说法。机构财务资助的确存在很多问题,因为它减少了收入,助长了学费的上升。国家学院及大学事务官员协会(National Association of College and University Business Officers) 1997 年开展的一项调查对这个问题做出如下总结:"从一开始就参与调查的 212 所私立大学的平均学费从 1990 年的 5,359 美元提高到 1997 年的 15,399 美元。而同期大学来自每个学生的收入只从 2,450 美元提高到 9,846 美元。(因此)大学自 1990 年以来学费每提高 1 美元,他们只留下了 46 美分。总的说来,大学所收费用的 31% 都确实作为财政资助花在了学生身上,而 1990 年这个比例是 23%。"[40]

如果我们从教育部 1997 年的统计数据中看 1975—1976 年到 1994—1995 年期间 20 年的数据(2000 年的数据库是截止到 1995—1996 年的数据,但对我们得出的结论基本没有任何影响),就会发现用 1994—1995 年的美元价值衡量,用于每个学生的流动资金开支只上升了 32%(从 1975—1976 年的 13,351 美元上升到 1994—1995 年的 17,681 美元)。然而那段时间的学费、住宿费和伙食费平均增长了逾 400%。预算中分配给行政开支的部分(另一种间接支持学生的形式)在公立和私立大学中都基本保持稳定(13%—15%)。研究基金有了适度增加,公立学校从 19.7% 增加到 22.3%,私立学校从 7.9% 增长到 10.1%。开支增加的主要领域是给学生的财务资助款(奖学金和研究奖金),公立大学增加了 5 倍,而私立大学更增加了 7 倍。

这种趋势产生的两个结果值得注意。第一,很多私立学校为了招满学生,折扣率高得吓人,达到 40% 甚至更高。第二,很多学校不是根据需求,而是用他们获得的资助款多少来衡量并强调其价值,并通过为**选中的**顾客调整价格来形成自己的客户群,因此又加剧了高学费造成的矛盾。我们已经看到,大部分学校在这个阶段也大幅提高了学费,依靠招进有能力支付全额学费的学生,补贴那些相对弱势的学生。然后他们将提高的学费中的一部分通过财务资助款的形式来平衡招收更多学生的需要,最好是更聪明的学生,从而完成一个循环。假设学费折扣不是升得太高,利润率可以保持得相当不错,而财务上的这种取巧也可以继续。另一方面,当资助款作为整体提出,部分来自于可能不那么有才华但富有的学生资金,被资助给了那些好成绩的学生,而这样做往往不考虑学生的实际需求,使得财务资助款的利他主义动机变得令人质疑。财务资助款也经常是各个学校为了赢得高选择系数和更佳声誉的竞争所摆出的一种自私自利的姿态,尽管这种做法是可以理解的,但并没有对提高学生构成的多样化产生多大作用。

因此,越来越多的观点认为学费的增高有一部分要归因于对增加学生资助款的需求——学费收入和资助款开支之间是相互作用的——同时在有些学校里正在进行一种精心包装的壳游戏,因为学生资助款被用来平衡学校的预算,提高其竞争价值,而不是用来建立多样化的学生群体。的确,1992 年以来,当私立学校开始用学费折扣和贷款项目吸引中等收入家庭的学生时,[41]昂贵的教育费用渐渐被中产阶级所接受。后来该方法又演变成通过购买富裕学生和中产阶层学生来打学生素质牌的方法,来提高学校的声望。甚至那些精英学校也已经背离了他们沿用至今的不考虑需求的资助政策,这种政策是先根据成绩接受学生,然后按照需要给这些学生分配资助金,而学校现在设法吸引他们能找到的素质最好的学生,并在过去几年里公开宣布他们的团体资助基金增加了几百万美元。为了让中产阶层家庭——收入在 60,000 美元到100,000美元之间的家庭——更容易获得资助,评估家庭需要的方法也发生了改变,因为精英学校明显地意识到,和高收入阶层及能够获得也正在获得极为丰厚的财务资助的低收入阶层相比,中等收入阶层的注册率要低得多。学校制定出精心设计的方程式,使得有存款的中等收入家庭不再会因为存款而非昂贵的房产被置于不利位置,在旧公式下这是用以评估父母是否有资格获得资助的标准。

1989 年,24 所私立大学,包括常春藤盟校的所有成员[一个被称为交叠集团(Overlap Group)的联盟]“同意他们将共同决定每个被联盟中的一所或多所高校接受了的学生所能获得的适当资助额。各大学……坚持一个很多人都认为会给大学和学生双方都带来好处的财务资助政策:学生在这些大学中做选择时,费用成本不会成为一个重要因素,而大学也可以将他们的资助费用留给最需要的学生”。[42]

这种做法首先对允许高素质学生分布在更有代表性的学校范围

里,具有附加价值。例如,我们曾听说过因为获得绩优奖学金的学生进入波士顿大学,而拒绝了哈佛大学和耶鲁大学的录取。但这个联盟很快引起了司法部门的注意,并接受了调查。当他们的行为被认为违反了反托拉斯法之后,这些学校同意放弃这种做法。联盟的支持者则认为他们的做法带动了20世纪90年代的竞价热潮。有人断言一些私立学校甚至在评估他们想接收的学生时,忽略学生家庭的房屋资产,而对竞争力较差的学生则包括房屋资产。[43]很多学校还是注意到了中等收入家庭的学生负担精英学校的困难,因为不是所有的需要都能被满足。但即便联盟解除,20世纪90年代后期,斯坦福、耶鲁及普林斯顿这样的学校,还是用增加来自捐赠部分收入的支出比例的做法来吸引中等收入的学生。这种做法当然大大提高了这些学校相对其他没有类似收入的学校的竞争优势。

1992年,国会通过了一项反托拉斯豁免案,允许私立大学实行不事先考虑需求的招生政策,“改善授予财务资助的计算方式”。[44]在国会相应颁布了改善公立学校状况的那部分法令后,28所全国排名最高的大学和学校(很多都是原先联盟的成员)组成现在大家都知道的568集团(568 Group),从1999年起致力于提供额外的以成绩为基础的资助金。为了实现这个目标,他们同意重新编制用以评估需求的公式,例如将父母为子女读大学准备的储蓄看做父母的财产(占资助限额的5%),而不是学生的财产(通常在需求分析时被认为是财产的35%)。各大学现在希望能在财务资助方面支付更多的数额,但新联盟中不是所有学校都能和哈佛、耶鲁之类的学校相比拟,因为后者有几十亿的捐赠款,同时越来越多的人怀疑这样会停止通过财务资助吸引学生的竞争。

威斯康星大学麦迪逊分校的一位法律教授彼得·卡斯坦森(Peter Carstensen)曾记述:

> 568集团“一致同意”的战略,促使高价钱、好品牌的私立学校也通过私下的集体化行动消除了价格竞争。那么谁会受益呢?是学生?还是像同业联盟那样运营的大学?……在反托拉斯的世界

> 里，同谋行为的历史……可以说明目前的行动可能是过去错误行动的继续——特别是在反竞争行为的经济逻辑依然存在的今天。在这个案例里，同样存在那种逻辑，简单的真相就是，私立学校在争取生源时所用的方法与其他商品及服务提供商争取顾客的方法没什么两样。出售大学教育是一门生意，对最优秀学生的竞争日益激烈……大学财务资助的战略和汽车制造商为让自己的产品更有吸引力所提供的返款及低成本贷款政策也没什么差别。

进而，卡斯坦森写道，“如果更多的高校，特别是那些和568集团最直接竞争的高校，采用了‘一致同意的战略’”，价格固定的潜在可能将更大。[45]

当然也会有另一种情况，那些精英学校会说其财务资助的过程比以前更民主化了，从而更激发了自由市场的竞争。卡斯坦森所列出的指导方针是“确定需求和家庭资源时可使用的标准”，是“及时、恰当的数据”和专家的判断。但这些行为只能使财务资助过程的专业化和精细程度日益增强，这本身是无可否认的，却并不能真正证明这种政策的广泛效应所包含的道德问题，而这种政策正是一群精英学校保持其在市场中掌控高素质生源的有效战略。当然，卡斯坦森很坦诚地得出了结论：“如果所定标准可以按照高校某项特定‘销售’的兴趣为依据，能够为多样化的资助方式提供充足的判断标准，同时每个高校能够使用这种判断标准，那么他们就不会对竞争产生太大的影响。通过大量的信息交换和认真讨论，他们甚至还能提供一个更好地确定不确定因素的基础，即对学生的需求。”这基本上就是承认——像卡斯坦森已经承认的那样——购买一个学生资源无异于说服顾客买一辆车。让学生像顾客在各个经销商之间选择最佳交易那样在各大学间挑选，最终获胜的高校是学生有最确定的需求，并能提供足够的钱来填平鸿沟的那一所。

这场全新的高赌注财务资助游戏并没有减轻对学费的担忧，而且的确还是偏袒了富裕的学校。这些学校的捐赠款规模一向比较高，并迅速增加——1997年前50所学校获得捐赠款总额达900亿美元，[46]

2000年前25所学校获得的捐助总额已达1240亿美元[47]。大量的资本作为奖学金游离于这些学校之间,但没有人知道这些钱究竟是怎么使用的,不知是用来满足成绩最优者的需求,还是用来创造更多样化的学生群体。另一方面,我们也很难责备这些私立学校的所作所为,特别是那些严重依靠选择性因素生存的学校,因为他们的行为完全合法,我们也毕竟是生活在自由市场教育环境中。那些没有捐赠款资源而又想努力改善市场声誉的学校,除了用财务资助杠杆去改善自己的命运之外,没有太多的选择。降低学费对所有的私立学校来说可能是更有用的战略,可以测试出质量、财富和高成本之间的合力作用,并能致力于形成更有民主代表性的学生群体。这种选择实在是减轻所有相关问题的切实方法。

鉴于财务资助的竞标之战正在进行,而且据传将会越来越普遍——特别是当有企业家精神的学生和家长参与了谈判时。不顾学生的财务支付能力,而从全体学生那里获取最大额度的收入,这种基本策略很快就会变成公众的关注点。过去那种不事先考虑需求就接收学生入学的做法将来会越来越不普及,因为高校的资源在减少,而联邦政府的资助款也无法和真正的成本保持一致。用学费折扣吸引富裕学生的策略只能是创造强势高校的权宜之计。[48]正如《华尔街日报》所报道的那样:

> 大部分大学的行政长官都承认,政府对高等教育可能再也无法像过去那么慷慨大方了。学校对增加收入的期望也将难以实现。未来的申请人不但会比现在更多,而且也更穷。这样,高等院校的基本前景便是降低成本和减少服务,采取类似于缩短学制那样的策略。即使这样,有些弱势学校也难免会遭到淘汰的命运。但宾夕法尼亚州阿伦敦的缪伦堡学院招生办主任克里斯托夫·胡克-哈林(Christopher Hooker-Haring)对此持有不同的观点,他警告说,大学是不容易被挤跨的。学费打折可能会让一些学校存活,但教育质量却很难得到保证。这样下去的话,学生及其家庭可能会被哄骗着购买"真正劣等的教育产品,仅仅是因为有人扔了大量的

钱”。[49]

尽管如此,高等教育在诱使和保留中等收入或更低收入家庭的学生时并不成功,除非学校有私有的资源,并且学费可以承受,因为成本和资助之间的鸿沟实在是太大。学校试图提供部分资助吸引学生,同时也期望学生及其家庭能自己解决剩余的部分。而大部分家庭却因此面临一种奇怪的情形(大约3/4有子女在上大学和准备上大学的家庭都有这种情形),即他们不得不借钱将自家的孩子送去那些努力让学费折扣保持在30%的高校。可即使在这种情况下,也很难判断到底谁是赢家。

然而,财务资助已经变成大学招生这门专业中的精美艺术。计算和预测日益精细,即便还不是巴洛克艺术。学校依照学生的才华和支付能力,对不同学生群体的出价进行仔细的研究并加以区别对待。其中的诀窍便是提供足以让学生决定自己倾向的最低额度的资助,同时又要保持或提高教学质量,并吸引足够多能负担学费的学生(有时不考虑他们的才华),以此来保证适当的学费收入利润。对资助款的管理,很少能从整体财务管理中分离出来,显然是统计学和概率理论的一个分支,对决定入学班级起着很重要的作用。对预计收入的任何微小偏离都会造成预算赤字,随后就不得不在其他方面削减。当然,任何从事高校管理的行政长官都明白,预算模型的关键是巧妙处理资助款并招到大体可预见的入学班级。对从拿高分奖学金的学生到“完全支付”的学生等不同群体学生数量的理性预测,是有效的行政管理部门的中心工作。

和折扣策略一起,很多大学还尝试通过从事工作与学习相结合的项目来解决经费问题。他们大力招收国际学生(通常比美国学生支付更大份额的学费),甚至提供能保证未来学费额度的学费预付方案。有一家名为Iempower的曼哈顿公司通过其网站MyRichUncle.com为学生和富裕投资者牵线搭桥。投资者为学生支付其本科教育所需的费用,学生在一个可长达15年的时间里将收入中的一个固定比例付给投资者——从每1000美元的收入支付2%开始。[50]有许多咨询公司和财务顾问,有的甚至还得到高校的赞助,为父母提供支付大学高额学费的投资储蓄方案。这样做本身也是有压力的,因为学生极需要资助,而学校需要根据学生的数量来制定预算,能实现这个目标的幸运高校可以提高学生的素质。我们毕竟很在意大学的排名,因此,不管学生和家长愿不愿意,他们必须成为非常精明的消费者。而且不管高等院校愿不愿意,都必须多招收有才华的学生,对学生的未来押宝。有名望的学校过去那种轻松、自信的招生方式已经一去不返了。几乎所有的学校都很难找到素质很高同时又能全额支付学费的学生。例如,大学校董会1998年的数据显示,美国只有122,383名大学生的综合的SAT(School Aptitute Test,学业能力倾向测验)成绩达到了约1130。这些学生都来自于收入在100,000美元或更高的家庭,有近90%是白种人或亚裔,只占公立及私立高校学生群体的1%强。

学费和财务危机本身也产生了对课程的需求,例如对转学学生的教育,以及社区高等院校间日益增多的合作。很多学生在社区大学完成学位课程的前两年,然后转入"更好名声"的学校。另一个结果是,在过去10年里,教员工资平均上涨幅度几乎不超过5%,而同时工资水平低又没有福利的助教,人数从1987年占教员总人数的1/3上升到1995年的42%。

还有就是为成年人设计的实用新兴课程增多。这些课程多由助理教员承担,具有很强的个人化特点,针对性强,注重创新能力,以及与工作紧密结合,这些重点是为了符合这部分迅速成长的学生群体的需求而形成的。这种通常在年龄较大的学生中非常盛行的继续教育项目(与职业教育一起),成为高等学府中著名的现金牛,有时候甚至会侵入到传统课程的领域。抛开成人人口是增长最大的领域之一这个事实,也很少有人会质疑这些课程的社会实用性,即便开发这种新课程——其本身是件好事——在刺激传统课程的重新定义方面几乎起不到任何作用。最后,也可能更加重要的是,作为经营大学业务的财务限制的结果,1990年至1997年间职业研究生教育注册人数提高了9%,普通研究生教育人数增加10.5%,而本科生人数只增加了4%。这种现象一部分是在响应职业机会，但也是大学大力发展灵活性很强的研究生项目或职业教育项目的结果。

高等教育机构已经深深地意识到其财务问题的严重性，并且已经在试图回应这些问题。1994 年 7 月，《高等教育年鉴》引用了美国教育部《1994 年的校园趋势》报告中公布的数字，自从 1989 年来，“将近 2/3 的高校重新组织了自己的行政编制，80% 减少了开支，71% 回顾了学术项目的使命……45% 的高校减少了全部预算，58% 在某些部门减少了预算。报告指出，美国有选择的重组和削减大都发生在公立学校”。“只有 31% 的公立大学认为他们的总体财务状况‘优秀’或‘很好’，而私立学校中做出这一评价的占 45%。”

众所周知，在美国的大学里，对财政紧张的焦虑已经变成日常生活的一部分。这种紧张状况只有在市场表现良好时才能偶尔得以改善。财务方面的这种不确定性，常会对高校使命的一体化造成破坏。对债务负担的焦虑，以及学费的从属性和收入的多样性，再加上市场本身的波动和不可预见的问题等，所有这些因素都决定着高校的风气。而学术和社会问题甚至超越了对良好的财务和管理的关注。为了生存，后现代的大学不得不变成高度多样化的公司实体，为广大的客户群服务，同时也通过与其他企业合作从事教学及研究工作来弥补其收入来源的不足。近年来，大学的特性也发生了很大改变，使学习成为一种在消费主义文化影响下可购买的商品。

更像一个公司

当今高等院校管理工作中的主要问题之一，按照威廉姆斯大学经济学家及该领域最睿智的专家戈登·温斯顿（Gordon Winston）讽刺性的说法，就是这些机构为什么“不能更像一个公司”，[51] 或者，甚至可能有人会说更像一个公司。温斯顿所问的是一个修辞性的问题，但却是一个相当严肃的问题。为什么大学不能像公司那样有效运转,特别是当他们自己在希望成为一个公司的时候?海外有一种普遍的感觉,学院里的基金财务管理惯例——例如,使用明确的帐户来表现大学各种职能的财务状况,诸如校舍维修、课程指导等等——在可信的范围内都没有被标准化。他们允许通过各种基金和诸如强制性及非强制性转移这类不可思议的分类方式实现复杂的收入变动。他们还允许非预算内资金账户的存在,以致实际交易的记录是不完整的。正如温斯顿指出的,"没有什么地方将所有这些汇总到一起来说明大学,**作为一个整体**,应该是什么"。因此,财务报告中的账目底线视不同的服务对象各不相同:如美国国内收入署(IRS)、公众、理事会、教员,等等。旨在更现实地展示收入流的起点和终点的新规定业已制定,但没有改变的事实是,很少有大学的财务报表会披露确切盈亏的所有微妙的秘密,特别是在准备资产负债报表的时候。

大学这么做当然有很好的原因,正如温斯顿指出的,这些原因集中起来就是,为什么高等院校不能像一个追求利润的公司实体一样来运转。温斯顿的论点是在耶鲁大学法学院教授,经济学家亨利·汉斯曼(Henry Hansmann)的研究基础上总结出的不同之处,这就是:非盈利企业也可以创造利润,但不能将利润分配给业主。他们行使"信托市场"的职责,基本上是在向那些并不真正明白自己在购买什么的顾客出售服务。这样,高等院校就发挥出不同于非盈利企业的两种混合作用:第一是捐赠性的,依赖捐赠实现不同目的;第二是商业性的,用某种价格出售商品,像医院和其他辅助服务机构一样。温斯顿指出,高等院校有了这两种收入来源,就可以资助他们的产品。所以,"1991 年,一般学生平均在美国大学支付了 3,100 美元,但获得了价值 10,600 美元的教育,其中 7,500 美元是别人资助的"。(公立学校的补助平均为 7,800 美元,私立学校平均7,200美元。)温斯顿没有谈到的是,这些补助款的来源,各个学校大相径庭,收到大量捐赠款的学校远比那些依靠学费收入支持一小部分学生获得教育的学校可以补助更多的学生。但他谈到了一个事实:"1991 年,那 10% 补助款最高的学校平均给予学生一年21,000美元的资助,而补助最少的学校只给了1,500美元。"

然而问题在于大学的学位,尽管被广泛认为是一种产品,仍然不能用一种特定的精准度来出售,比如说,一辆车可以有确定的颜色、引擎大小、设计、里程数,等等。卡斯坦森关于大学和汽车产业的类比在为购买产品——不管是汽车还是学位——筹集资金方面当然是有意义的,但学生永远不能确定他们选择课程时将会得到什么,他们所能得到的很大程度上取决于他们在学习这件事上的参与程度。大学依靠他们的顾客成为教育程序中的一部分,并为他们所做的一切承担责任。即便是通过最不正式的方式,学生也在协助教育其他学生。温斯顿说:"在其他事情平等的前提下,好同学将会比差同学带来更好的教育结果。"基于这个原因,高校和学生之间的招收交易就非常重要。好大学在意那些他们当做销售目标的学生,反之,学生希望尽可能了解他们想要购买的服务。但想获得大学教育的人"不是真正了解他们正在购买的是什么,只有在购买之后很久才能了解。关于高等教育代表'人力资本的投资'这种想法比我们意识到的更有意义,因为投资决策……本能地更惧怕不确定性"。温斯顿在报告中继续说:"购买大学教育和买车买房相比,更像是在买治愈癌症的方法,具有强烈的避免后悔、保证安全的倾向,购买大家都认为'最好的'那个,只要能负担得起——声誉和动物性直觉在最终决定时起到突出作用。"

温斯顿还说明了大学能通过捐赠收入补贴成本的重要性(如同本章所记录的),前提是"各学校向学生支付补助的能力区分是高等教育经济中最基本的成分"。显然,大额补助意味着吸引学生的条件更好,高校自身的选择性更强。财务资助游戏玩到最佳状态对双方都有好处。如果学生群体的规模得到控制,那么需求就会增加,而需求增加,补助也会相应增加。但在决定成为被购买方时,学生会考虑学校的声誉。正如温斯顿所说:"最后的结果是出现一批将最初的财富转化为学生素质的高度差异化的大学。这可能的确是资金资源的不同转化为大学质量的不同的主要方式。"拥有财富和高素质学生的学校永远拥有财富和质量。

结论是明显的。高等教育市场和所有市场一样,本质上并不平等。其经营方式和我在本书第一章讨论过并将在最后两章再次讨论的社会及学术使命之间存在着明显紧张甚至矛盾的关系。但这种状况不会改变,至少在可见的未来不会改变,即便我们开始更加清楚地理解到大学体系中财富和权力的组织会怎样影响到我们在课堂中所做的一切。因为大学市场像温斯顿说明的那样,是有等级的,而正如我们所知,蓝筹股玩家是那些拥有大量捐赠财富的学校。当然,他承认:“富裕的变得更富裕,富裕的一直以来就在变得更富裕。”富裕的学校某种程度上不受突然变化的影响,但并不总是这样——温斯顿警示说:“如果(按照预测未来10年)有超过300万学生进入美国的高等院校,他们将带来额外的93亿美元净学费收入(基于1991年的数字),但同时会增加320亿美元的成本——如果想要保持1991年的质量水平。这就需要从某个地方得到额外227亿美元的非学费资源。”

这种景象相当黯淡,但其严重性似乎并没有引起那些认为大学只是必须变得更有效率、更像良性运转的商业的人的注意。他们当然会那样,根本不会感觉到自己的立场滑稽和幸福的微弱。正如温斯顿指出的那样(我将他的话不仅仅视为防卫,而是部分视为对学院操作的批评):

> 对企业来说,扩大规模常会引至规模经济——用越来越多的产出分摊固定成本。但对依靠捐赠款及现有校舍和设备支持其学生补贴的大学——大部分私立学校都是如此——来说,扩大的规模将固定**资源**分配到越来越多的学生身上,减少了每个人所能得到的平均补贴额(当然,除非学校愿意提高其折扣率)。相反,公立学校通常使用“按人计算补助”——和注册人数相得益彰——来鼓励扩张,从而鼓励公民进入高等教育。他们躲过了私立学校面对的分母增大的恼人算术。但情况正在改变。像加州系统所做的那样,对公立大学的按人计算补助正被固定补助额所取代。当公立学校积累了更多的捐赠财富,他们将日益像私立学校那样想要限制招生——也就是说,更多的学生将意味着更大的成本,而不是更

高的收入。因此如果固定额度补助额的趋势得以继续,我们可以预见公立高校的行为将日益向私立高校靠拢,其招生入学将受到规模和选择性的双向限制。[52]

简言之,且不论为高等教育创造民主的课程体系,保持现有高等教育市场体系的唯一希望是输入充足的资本,用专家的说法是在未来10年输入250亿至300亿美元左右——这些钱应该直接付给学生来抵消学费成本。当然,联邦政府和州政府在某种程度上已经意识到了这个问题,并已增加了补贴额度,尽管大部分补贴都是以贷款的方式出现的。然而,资金必须公平分布,特别是对那些几乎没有捐赠款但渴望上学的学生。同时,资金必须用在最能发挥效力的地方:维持入学人数,提高教育质量。如果我们过分强调高等教育的市场经济和公司模式,就势必导致富裕的学校会更富,贫穷的学校会更穷,很多学校必然要相继消亡或降低质量,能供数量日益增长的学生选择的学校也就越来越少。另一种结果可能是进一步缩短教员任期以及降低对提高生产力和效率的兴趣。

同样,如果我们对学什么才能让大学教育更加丰满和让昂贵的学位具有清晰的价值这个问题不提出更有持久性的理论,课程安排将不可避免地受到市场波动的影响。也就是说,我们需要大力提高产品的质量和价值。否则,我们就可能只会根据支付能力将知识发送给学生。如果我们现有体制的等级化和不民主现象不能得到改善的话,那接下来的10年就会更糟。目前高等教育的市场自由有助于强化市场不平等,并直接为顾客需求服务,为私人利益而不是公众利益提供了支持。因此美国人必须进行反思的问题是:用不规范的自由市场企业体制来处理高等教育这么重要的事情是最好的选择吗?如果是,我们如何才能最好地调整现有体系,使之更公平地服务于社会大众呢?

这些问题很难回答,因为美国组织高等教育的方式和美国人希望得到的结果之间有着很深的矛盾。除非高校用更有凝聚力——确切地说更民主更一体化——的方法将注意力集中在高等教育的结果上,辅以学费削减的方法和给学生充足的补贴,并且除非高校开发出一套衡量这些的标准,否则若不是前50所精英教育培训机构的另一个分支或其他学校追求卓越的效仿,通识教育将不会引起公众的多少兴趣。在资源稀缺的时代,我们很多最聪明的学生会只学习他们需要的部分,努力缩短过程,或者干脆选择职业教育,以便最好地利用稀缺的资源。

同时,公众会越来越对高等教育成本和价值感到不满甚至会为此愤怒。如果高等院校继续拒绝处理其定价策略中的核心矛盾,这个问题就无法避免。而其核心矛盾与课程及公众认知的学位价值密切相关。如果大学的伟大目标之一是调解市场文化的矛盾,它必须首先努力调解其自身资本主义和民主必然结合的矛盾:通过将大学更充分地资本化,使社区大学有能力发挥更大的作用,而不仅仅是分支学校,提高大学自身的标准和竞争力,使研究和调查一体化,使各个层面的学习更全面,提供更丰富、更完整的普通教育经验,更密切地与其长期建立的提供民主教育的社会要求相结合。简言之,通识教育正是特别需要以自己的方式应对这些挑战。

第三章

公司文化特征

早在20世纪的第一个十年,当精明的高等教育社会学家索尔斯坦·维布伦写作《美国的高等教育》时,他就意识到现代大学带着强烈的目标感向开发知识的新效率挺进。他写道:

> 人们谈论用更商业的方式来组织和控制大学及其设备、人事和资源。这种主张高效率的思路是,学习的公司会按照运行良好的商业模式将其所有事务进行合理的排序。这样,大学就被当做一个处理有销路的知识的商业机构,由博学的统帅所控制,并将其手段转换成最大可能的产出……
>
> 大学将会最终成为学习的公司和处理标准化学识的商业企业,其高级管理者必须统筹考虑这些不同的业务。[1]

当然,维布伦的话有一些故意嘲讽的味道,他本人几乎没有接受多少本科教育,但却将研究视为大学的首要使命。我们意识到他对"标准化学识"的反对来自于学院文化的内部,这种文化认为其自身已经超越了单纯出售知识的做法。对大学中公司特质日盛的担忧,今天已经深入发展到文理科教员中间。100年前就被维布伦看做学识和商业新联盟的东西现在已经在高等教育中得以实现,所有在高等院校工作的人对此都很清楚。高等院校企业化的进程通过以下方式不断发展:

- **管理及生产力开发体系**：质量管理和成就的标准；学院对学习成果的评估；职业人力资源的增长及为管理复杂而有争端的工作而增设的法律部门；使用复杂的软件组织数据，生成报告，追踪学生、校友及雇员的情况，安置并联系预期的学生；利用视频交流系统和全球各地校园的联系；在高等院校内部开发学术分部架构来对知识开发领域进行分组和集中；发展全国和国际的高等院校联合集团，以使课程的提供和知识的发展变得更加方便。
- **预算控制**：分散的预算职权单位以责任为中心制定预算，给予创造利润的部门分派权；对有成绩的教员予以奖励；制定收益报告，分析不同科目成本和效率；用费用流程管理体系来研究资金的流向。
- **市场战略**：在针对主要受众的媒体上增加广告；创办公共关系办公室，授命发布对大学有利并能聚焦的新闻稿，使用宣传性说辞和企业式标识，雇用院外活动集团成员扩大宣传。
- **劳动力重新分配**：任务外包，聘请外部专家讲授特别课程，近年来有很多职位空缺都由一些助理教员来填补，以配合学校的扩张；通过买断工龄等方式鼓励教员提前退休；增加电脑授课内容，简化信息传递。
- **发展研究及辅助企业**：加强同公司的紧密联系以利于知识的生产和销售；重视从事与公司及政府需求直接相关的研究项目；开发专利项目；增加知识产权保护；在全球范围内寻找“知识开发伙伴”。
- **以客户服务为导向**：通过改进服务来应对学生及家长的需求，包括导师指导和提出建议；简化数字注册系统；开展心理咨询及实习和就业咨询服务；加强与公司的联系，增加毕业生的就业机会。

这些所谓企业化管理方式的发展已经使学生和教员的日常生活得到改善。20 世纪早期到中期从不因效率著称的大学，现在也在开发完善的预算程序和财务控制。实用主义理念正缓慢而坚定地变成文化的主宰。学校对个人福利的关注大大加强。数据处理变得更加快捷有效,并能经常轻易地相互参照。对学校各部门和教职员工的工作评估与经过改善的奖励机制紧密结合。通过富有吸引力的图表和媒体的演示,公众对大学的认识更快捷。

当然,我们从高等院校的校园里依然还能看到某种传统学院的温暖感,甚至也能看到几分陈腐相。教员的办公室不一定比过去更整洁,学生宿舍也可能较零乱。校园里的新建筑可能是古典式、罗马式、哥特式和学术功能式的混合,建筑材料用的是当地最现成的砖、石或金属。但我们将会在大学校园里找到一些更有趣的后现代建筑实例,这些建筑越来越具有公司办公楼的风貌(现在很多公司办公楼区常被称为校园)。为了改善教学设施,各高等院校都付出了极大的努力,特别是在80、90年代博爱运动兴起的时候。大体说来,现在学校对专业主义的认知有所增加,同时出现了明显的后现代仿实用主义,极力营造出一种官僚学术企业的氛围。

然而,问题并不在于效率,而在于公司管理战略在处理具体事务过程中形成的复杂影响。市场逻辑的无情对教员的自由度和通识教育本身都会构成威胁。但在有些方面,大学完全不像公司,没有哪个追求更大利润的成功企业能够在大学那样的行政权力结构下生存,或者有大学那种实际拥有生产工具以及终生职业保障的工人。尽管追求利润的高等院校日益增多,并且正在仿效公司的许多做法,但这并不意味着我们应该在传统的大学中完全遵循公司管理模式。近年来激进主义理事的人数在增加,他们经常和来自于政府机构及企业界的校长紧密结合,对进一步提高学校的效率施加压力,力图创建专业化的大学管理团队和员工。学校为此想出了各种精明的或一点也不精明的办法,比如增加由非教员任教的辅助课程,开设学生生活方面的课程,使之与学术课程相竞争,以及巧妙地对教员实行有效的控制等。

但现实中影响大学生活的权力关系高度复杂。这种权力关系和我在第二章中勾勒的教育及资本主义之间的关系一样,促成了高校矛盾

文化的形成。至少有6种力量在竞争:

1. **执行委员会和大学行政部门** 这是学校的管理部门,对学校的各项工作负有全面的监督责任,具体包括财务、人事、资源的管理和分配,以保证学校的正常运转,努力保持学校在公众中的最佳形象。也就是说,理事们起着复杂的象征性作用,他们的权力存在于他们代表学校的社会利益和商业利益。
2. **教员** 经常参加本单位和全国性的教员评议活动,这就使得他们超越了单纯的机构利益,能够在全国甚或全世界的专业范围内共享信息资源,不断得到提高。同时,在引导学生学习这件事上,他们也必须在其具体使命范围内操作——尽管这种界限已经被互联网重新定义了。他们无论是对大学、对学生,还是对他们所讲授的学科,都具有一种十分复杂的忠诚。教员手中的权力就是在基本学科学习和读写能力培养过程中设定并保持学术标准。教员是传授知识和保证学校作为证书发放方的可信度的首要力量。
3. **学生和校友** 随着高等教育市场日渐成熟,学生和校友已成为学校活动的重要参与方。学生是力求通过学习掌握能力的消费者和客户。这批顾客发现大学证书作为美好生活的准备越来越难以预测,对此我们在上一章已经进行了一些讨论,于是他们的焦虑在上升。目前关于大学生活的讨论比以往任何时候都要多,从学费到成绩到校园生活和课程的质量。现在的学生消费者及其家长的权利意识越来越强,大学教育的消费者的首要目的是获得能力,而不是学习很多自己并不感兴趣的知识。另一方面,校友通过对母校的财务及其他援助支持,获得了对校董会施加影响的能力。他们能为自己获得的教育提供有用的评估。没有哪一所高校敢于忽视校友,他们一直都是大学顾客群中最强势的人群。
4. **全国和全球高等教育机构市场** 将每所高校的行为置于一个市场背景下,通过与其他教育机构的比较,就可以看出一个学校的具体声誉和影响。这种比较,一般都要由提供教育评价的机构来完成。通过校际合作可以促进知识发展,并形成通用的课程和学科。尽管同类教育机构的影响似乎很抽象,但各大学基本上相互了解,媒体对各教育机构的排名多以同类高校的观点为基础,对决定大学的声誉起到前所未有的作用。

5. **联邦及州立法机构和教育权威机构**　这些机构试图将更多公共资金用于教育及研究的补贴。在国会及州立法机构中,权力是通过分配资金来发挥作用的。教育资金的分配经常会受到各种威胁,甚至还会混杂各种政治威吓。有些政治家甚至还可能会对改变教科书等指手画脚。

6. **公司及公司利益**　有时候,公司利益要和政治一并考虑。高等院校作为商品知识的传播者,非常重视塑造自己的形象。正如我在上文中提到的那样,各高等院校也在通过学校的理事会来维护自己的利益。他们也通过与企业合作,从事与相关业务有关的项目研究,并因鼓励和提倡公司式管理而受到瞩目。公司式的管理在过去50年成为高等院校内部组织管理的重要方式,同样也成为向公众展示自我形象和影响力的方式。因为高等院校意识到了高效管理的重要性,学院文化和公司文化之间形成了一种天然的联系。

我列出的这些因素及其在高等教育权力游戏中所发挥的作用,很少能适当地调节他们之间不断变化的联盟,也难以为保持其影响力来协调每种因素转换其所扮演的角色,同样也不大可能用多种方式影响高等教育的课程及经济意识形态的风潮。假定把这些影响力中的一个或多个固定在某个位置上,实际上是一种过于简单化的想法。这6种因素中的任何一种或几种之间不稳定的关系和理想化的愿望,都可能在任何时候出现,并可能滋扰学校的正常活动。教员可以运用传统的自我管理权力来使课程项目开发停滞不前,或者也可以对行政方面的需要予以大力支持。学生可以让校方听见他们的大声疾呼,并产生极大的效力。行政部门和理事们会发现,他们可以像与外界利益站在同一边一样，很容易地和学生消费者站在同一边。预算公式可以在某些学术领域中制造增长，可以在高收入单位，通常是职业学校，获得大量可分配利润时，改变学校的权力平衡。总之，学校的权力属于那些作为学习的公司的控制者。这种权力在行政管理上看可能是分离的，理事和经理们在一方，而从事教学工作掌握课程内容和手段的老师属于另一方。两方都将学生作为服务的客户群体，都在想方设法获得学生的支持，至少在本科教育阶段如此，有时甚至争着显示谁最在乎学生。但是正如我们在那些华丽辞藻中所看到的，文化更公司化，而不是更学院化。

卓　越

教员和行政部门在描述自己的工作时通常没有统一的说法。教员描述教学工作和研究使命时并不需要刻意准备充分的公开演说词，他们经常认为自己的工作就是在课堂里和在专业舞台上讲课，公共关系不关他们的事。通常教员们也不善于用简单、清楚的方式向公众解释自己所做的是什么样的工作。而在过去的几十年里，行政部门相当轻松地发展出一套公司式的教育说辞，一套我们会在商业企业中听到的为社会服务的华丽文辞，以此来解释大学的使命和目标。权力通过企业精神和卓越之类的说辞，在大学中自有成形的说法。我们在大学里自我阐释的方法中——例如行政公告和年度报告——使用强调自己公司文化的词汇日益增多，由此造成的含混模糊也显示出高校中的不同劳动力如何深刻地被区分开来。

这里有一篇由乔治敦大学英语教授詹姆斯·斯莱文（James Slevin）在最近一期现代语言协会（Modern Language Association）的刊物上发表的关于他对这种说辞的理解的文章：

> 我们都熟悉现在大学里广为流传的一种论述，这是一种从金

> 融和财务中衍生而来的关于目标、责任、评估、资源、销售(学分给顾客)以及配送(课程指导给学分的购买者并最终将被指导者配送给合适的工作岗位)的说教……其中的诀窍就是采用另类冠冕堂皇的语言,使用诸如“承诺”、“协作”、“共同努力”以及“集体责任”这样的术语,要求教员们为了“共同利益”而“奉献”。这种语言结合了商业论述和社会论述,通过用对日历的观察(“当我们进入下一个世纪”)来引出——无须解释——我们必须适应的一种命运,以此来支持其自身。在这个混合中,公民责任的载体(像一种形而上学的思想)被强行地和商品化进程连在一起,寄希望于后者能像前者那样被理解。这种“协作”、“集体责任”、“承诺”、“团队工作”和“整体考虑”的论述,最大的好处是将注意力从更有力的商品化进程上分散开,而最大的坏处是有意使这种进程神秘化。同时它代替了带有公民责任感的学术质询而成为教授们的义务。[2]

阅读行政备忘录字里行间的意思当然是学院里最古老的消遣,英语教授们接受过足够的训练可以这么做,可能训练得远远超出了需要。根据读者个人的批评性见解,可以从中寻找出弗洛伊德学说的碎片,形而上学的观点,非建设性倾向,或其他任何预示着一些可能十分凶险的秘密事宜正在发生的用词。这么做可以给予这些能够证明单凭修饰的言辞不能让一切都好的英语教授们一定的乐趣。那些作为斯莱文写作受众的英文教授,很了解形而上学的想法是更富挑战性的诗意隐喻的一种:在通常没有联系的事物之间,建立一种诙谐而令人惊讶的联系。当然,斯莱文论点中的喻示是,有些东西不只是关于学院行政部门论述的诙谐,而是有深层错误的:商业的语言永远不会是学习的语言,对知识和智力的责任与公民责任不等同。的确,从这种论述的选择上看,公民责任实际已取代了学术质询。

对任何在大学里度过了很多时间的人来说,斯莱文的评论看上去切中要害。大学已经变得如此具有企业精神和公德心,以致不可避免地出现了起主导作用的组织性论述,不论其根源是教育理论还是商业。

我们将知识商品化,为提高效率而努力;同时我们将语言商品化,用这种语言在源自真实的权力矩阵——企业界——的论述中谈论这件事。很少有行政长官真的相信公民责任要替代学术活动,但使命宣言和行政报告以及备忘录就是想做到同时拥有一切。这是大学和社会关系之间好恶并存的状态,其自身是一个混杂的象征,喻示着学院文化中的文化矛盾。

大学的使命长期以来也是一个混杂的象征,特别是当它致力于将服务与社会相联系,将经济与学术活动相联系的时候。但我们不应再对此感到惊奇(因为这种现象已存在多年),而是寻求能为以下问题找到答案的解释:为什么社会指令如此重要,为什么它应该和学习以及大学里不可避免的资本主义行为成为一体,为什么我们不能简单地说大学的职能是用自己的方式追求知识。我将在最后两章里探讨这些问题,特别是涉及通识教育的部分。就是说,我们的挑战是解释我们抽象而又注重实效的命运。其主要问题是对于融合着带有大学的社会及经济目标的标准化知识的通识教育的喻示,斯莱文的论点并不能真正满足我们更大的需要。但这里能说的是,与斯莱文的说法一致,不管我们怎么理解行政需求的修辞方法,有关学习商业论述的增加和服务社会之间的联系,至少显示出我们在高等教育中的日常生活有多么抽象。

然而我们不能完全责怪行政部门。高校很容易忽视以下事实,从上世纪初开始,对大学生活的管理就无情地向商业型官僚架构转变,其中来自科目和部门的市场型增殖的发展,与来自大学对全球商业市场的参与的发展一样多。这可能无法使事情显得正确或更令人愉快,但有助于解释为什么通识教育确实很难调和民主、知识和资本主义之间的联系。

类似的情况是,如同很多人文学家所做的那样,有很多关于大学不再是原先的样子的抱怨。正如比尔·里丁斯(Bill Readings)指出的那样,文化大学已经让位给卓越大学。[3]但文化大学在美国从未存在过,而设计的卓越大学的样式已经存在了很多年。大学的使命中必然包括高等教育的文化要求,但不起主导作用。它更多的是一种从18世纪欧洲启蒙运动沿用至19世纪欧洲金色年代(特别是德国)的教育理论中的舶来理想。即便是比其他任何地方都更长久地保留了大学教育的文化理想的英国大学,现在也有着和美国大学极为类似的大众教育市场的公众使命,与一套几乎没有美国大学会在意的、由政府控制的公司式的评估标准并存。

如果说为了保持学习的公司化,一直存在着稳固的教员的无产阶级化;如果说教学已经被减缩成知识工作,以及除了在将其价值评估为主要资源的大学之外的教育管理、公共关系和预算策略,确定了教员将普遍保持无产阶级状态——这些话已经是老生常谈。所有这些继续存在的事实是,如果有敌人,那么不仅外部有,内部也有。高校中知识的组织仍然是教员的责任,但自从第一批现代大学开始成长以来,知识的组织就几乎完全受到职业市场学科学习的推动。部门和学科越职业化,看上去就越像联合股份公司,这些实体本身比各部分的汇总要大,其建立是为了开展研究、传播知识,以及在特定的知识领域里推广他们自己的学习成果。这些知识领域的质量标准由致力于促进学科发展的国家机构制定。教员在他们的学科公司里是有投票权、自我统治权、学科拥有权的股东。进而,即便智力资本比物质的甚或社会的资本更空洞,毫无疑问部门分支或部门内项目的概念性资本的"衍生产品"的确有教员乐于投资的自我生命。

简言之,学者和职业化的学科及教员相融合,始于19世纪末,近年随着理科学校及职业学校的企业型单位的出现得到更大发展,其发展是因为教员长期以来就情愿向更职业的组织知识的方式转化,以便能对自身的地位和声誉起到帮助。过去的50年,这种发展不可避免地和更广泛学习的企业化一并发生,因为大学为了在高度竞争的市场中强化自己的地位,将其物质、社会及运动资本看得和概念性资本一样重要。那么我所要论证的是,职业化学科学习的纯净中也有着比关于它赚取**不义之财**更多的不良名声,即便利润主要根据学院声誉的得失来评判。

高校中一直存在对卓越——一个被所有大学用来解释其奋斗目标

的词——的过分关注,甚至教员也加入了这种论述。对学院出众质量的华丽说辞当然和公共关系、广告及公司范围密切相关。大学内外的大多数人都知道这个词的含义,我们想当然地假设它意味着很好。通常的理解中卓越几乎不可能有贬义内涵,但卓越不单单是一个企业化的商业词藻,它也是一个企业化的学术词汇,一个大学各部分分管质量的人员能充分理解的词。正如里丁斯指出的:

> 今天,大学的各部门都会被督促为了卓越而奋斗,因为这个概念的普遍适用性和其空泛性直接相关……我们假设对卓越的祈祷会克服质疑学科价值的问题,因为卓越是所有领域良好研究的公分母。即便如此,也意味着卓越不能用来作为“评判标准”,因为卓越不是一个固定的判断标准,而是一个在与其他事相比时含义固定的限定词。一艘卓越的船在和一架卓越的飞机相同的标准下就不是卓越。因此,说卓越是一种评判标准就完全等于什么都没说。[4]

卓越可能会受其自身逻辑的谴责,但这个词本身及其内涵都不会消失。不仅如此,现在也很难找到其他可选择的词汇,很大程度上是因为我们在学科基础上没有共同的批评性及实质性词语,来向普通公众说明我们学院质量的证据。在平等主义的社会中,谈及对高才智和高标准的需求,就是将大学打上精英的烙印。单个科目中有卓越的具体标记,对高等教育市场导向的世界来说太过于专业化。也就是说,我们已经在课程内容和学习的公共价值之间造成裂痕,尽管约翰·杜威早就警告我们不能这样做。这件事无疑是在我们想要成为所有人的所有一切的急切心情下发生的。我们试图用“卓越”这样的词语来吸引公众,以便在已经造成的鸿沟上架设桥梁。

毕竟,美国大学从来不是只支持课程内容的重要性,也不是建立在学问研究或文化信仰基础之上特别强调意识形态。社会公正的理论从来不曾远远超越宪法赋予的权利而根深蒂固地存在于公众哲学中。美国人几乎没有向学院理论和意识形态批判求援,就处理了种族事务。

这些都不值得惊奇,也不一定有错,但这意味着美国大学复杂的社会使命中带有很多令人怀疑的东西,超越了自由民主的价值,提供除卓越以外的意识形态质量标记。任何一所当代的高等院校的使命宣言中都将带有某种嘲弄,都在大言不惭地宣传博学、公正、社会责任等。

简而言之,我们退回到“卓越”上,因为我们对知识的象征性学术价值没有更为合适的表述。我们一直对概念性理想的宣传十分审慎,比方说,类似于伊曼纽尔·康德对哲学的忠诚,或亚历山大·洪堡 1809 年在柏林大学对文化训练的坚持,或约翰·纽曼(John Henry Newman) 19 世纪中叶关于教育以审美文化为基础的理论等,尽管我并不认为我们应该退回到其中的任何一种。我们在通识教育领域的特别需求是一种能将学识资本和社会资本统一起来的理想。但在我们的公众哲学中,有如此众多的关于社会德行的说法混合在一起,用一种简化的甚至感情用事的爱国主义方式和商业方式,强调社会资本最为重要。专门为大学设计的,能够使之在宣传共同利益时看起来区别于其他无数社会机构的唯一方法,就是思想训练。而关于公民情操和个人社会化的说辞已经成为大部分学习行为的保护伞。我们又怎能为此而争论?

近期的教育理论和实践的趋势,有助于支持我的观点,即把社会化作为教育的目标,并将其优异品质推向市场。亚历山大·阿斯廷(Alexalnder Astin)的“才能开发”理论在高等教育界享有极高威望,他坚持认为现在大学的主要责任是开发每个学生的学习能力,这当然是一个有价值的目标。大学的任务是增加所有学生的学习及在外界取得成功的机会,而不仅仅是保持对有天赋学生的英才教育。然而这样一个任务本身就与卓越的理想相结合,其标准偏离了以学生考试成绩、试验及获得新知识的成就为基础,对高等院校的教学质量实行传统的标准化等级分配制度。阿斯廷说:“通过才能开发来接近卓越,创造一个完全不同的情境。从这个观点上看,我们的卓越更多地依赖于我们为学生做什么,而不是靠我们招收什么样的学生。因此,我们的卓越是根据我们开发学生教育才能的效率来衡量的,而不是仅仅根据他们入学时显示出来的已被开发才能的水平来衡量的。”[5]

这里还有另一个关于卓越的例证,照理说应该是可衡量的,尽管究竟在衡量什么似乎仍相当含糊。一个学生有多聪明,他或她表现有多好,取决于绘制个人学习曲线的进度。这是一种要求各级官僚致力于衡量信息累积量的行为,它可以分散对于正在学什么这个重要问题的关注。它还要求认真处理统计数据,这些数据给了已经完成的学习一种伪科学状态。它仍然不能确切地定义什么是卓越,以及课程的作用应该是什么,因为卓越本来就是相对的。但并不能因此说它不重要,至少我们可以根据个人的进步来判断每个学生固有的重要性,很少有人会否认这一点在大众教育市场中至关重要。

具有讽刺意味的是,正是大学使命的范畴和复杂性及其对卓越的追求,对高等教育中任何单独的学术动机施加了巨大的压力。例如,大学不是首先因研究和学习而闻名,而是退回到现成的社会工程、衡量文凭价值的指标,以及注重天才的开发而不是努力提出对一般成就的高标准,注重领导力技能而非权力的历史及政治科学,注重评估标准及关于卓越的统计数据指标而非诚实的计分。其目的正是在于占领市场地位,实现远比自有资源所能维系的大得多的社会抱负。这么说可能不公平,因为这种标准至少在某些学校里赋予其课程可信度,同时公众的反应似乎证明这类行为是正确的。但这仍不能帮助我们发现大学的中心思想,因为卓越本身和才能开发这样的说法都过于含糊,并带有修辞色彩,其内涵过于主观主义而无法令人满意。

重申一次,这不是市场或大学行政管理部门自己的错误。一个多世纪以来,一些学者一直在提醒其他学者,像康德特别强调的那样,大学的功能不仅仅是开发知识——无论知识是否有社会应用性——还要去批评知识,甚至应该开发一种关于高等院校能够或者必须怎样进行自我评价和自我修正的理论基础和实践方法。但大学里的评价已不再意味着文化批评,尽管教员们有责任争论评价应该意味着文化批评,特别是在人文学科和社会科学领域。各种科学在解释它们自己的内容时都做得特别好,作为为创造实用知识而进行的艰难研究的范例,在公众眼中受到较高的尊重。但它们无疑对自身的文化也是不加批评的。同时,艺术和人文学科被普遍认为慢慢陷入了对专业敏感度或极左政治的辩护中。我们可能不喜欢赞扬卓越的说法,也不喜欢拥护质量管理、主题一致、策略主动、分权管理等说法,但大学里对自己动手这一风气(人文学科除外)的迷恋也还没有什么强有力的论述。我们所面临的事实是,现代大学里大量精细的、能引起争论的学术行为,不是被学者们归结到某一个极限点,就是被学习专家们缩减到简单的“学习价值”体验,因此一直保持着高度相对性,从来不会具有过分的威胁性。

简而言之,我们现在的争论,正如历史学家托马斯·本德(Thomas Bender)所说的那样,在于有某种“似是而非的论点存在于成功的高校里。其受到承认的成就(戏剧性扩张背景下的学科卓越性)没能整体强化学院的文化。甚至还为高校的使命制造了矛盾,特别是在公民任务方面,并一直在弱化大学和社会之间的非正式契约”。本德紧接着说:“公共领域的瓦解和学者们在其残存部分所能发挥的作用毫不乐观……在公众文化中恢复学术知识的地位,和在学院文化中恢复公众讨论的地位,应该是学院和公众领导优先考虑的问题。”[6]但在没有牢固地掌握学校用来标榜自己的华丽辞藻之前,学术知识怎么才能在如此无情的商业及顾客导向的文化中得到立足之地呢?

文化霸权?

不管大学里的力量关系有多复杂,较量的结果是可以预见的,不可能再次恢复学术性论述的中心作用。克莱德·巴罗(Clyde W. Barrow)曾论证说,大学在过去的几百年里一直存在着阶级斗争,因为“(通过商业、慈善以及政治利益)应用于大学的企业化理想,实际上是一种设计好用来战胜意识形态力量(也就是学院各学科的意识形态力量)的阶级政治计划”。[7]这种解释对教员来说一直具有吸引力,很大程度上是因为它直接谴责了行政部门,并验证了很多教员觉得自己是二等公民的感觉。巴罗指出,1860 年到 1930 年之间,美国高等院校的所有权移交到了由商人、银行家和律师控制的董事会手中。1930 年有 74% 的董事会成员来自于企业或职业领域,而 1860—1861 年这个比例只有 48%,从此高校中这种公司管理人员的高比例保持至今。

整个 20 世纪高等教育财政力量的利益增长是毋庸置疑的。全世界只有美国的企业化自由主义发展到了相当的程度,以保证大学的社会使命是一种被同化了的资本主义的理想主义。文化霸权在某种程度上既简化了对国家的定义,也简化了对意识形态的定义。[8] 没有哪个在美国的高等院校工作的人会否认,现在的企业领导都非常想让教员和大学行政管理人员了解他们个人甚或整个集体的感受。在驱动高等教育企业的社会、文化、学术及经济的混合影响力下,这些来自于公司生活的术语,例如"卓越的质量"、"规模效率"、"高生产力"等等,已经被同化进树立高校声望的词汇中。更重要的是,制定计划及选择行政官员通常是由职位最高的几个人控制的。但是很难证实企业阶级(与企业中的个人成员相对应)正凶恶地着手于让知识分子及其理论屈服于他们的努力,即便屈服的个案显而易见,甚至全国某些董事会的屈服也确实发生过。

巴罗的见解似乎也将自然出现的晚期资本主义大众文化对教育价值的深入、普遍的商业影响过度简单化了。这很少依附于阶级统治的单一意识形态,其力量取决于市场,取决于对产品的需求度及其流通渠道。购买力在现今社会广泛分布。而公司中的平等主义、多元文化主义和"为社会服务"的理念,确实都具有强大的市场价值。这是一种有效的论述,它不论在哪里发现社会术语,都会将其扫荡一空。正如我们在上一部分中看到的那样,关于高等教育和公共哲学的论述很容易适应这种说辞。现在我们很难分辨公司术语在何处结束,学院术语从哪里开始,例如使命宣言中的语言,经常就是公司的人文主义语言。

然而,巴罗的论述对公司及公司决策人的善心是一种伤害,这种善心在过去一个多世纪以来一直有助于使学府机构保持良好的运行状态。然而,强大的社团主义文化长期以来一直和学院组织知识的原则处于矛盾关系中,伴之以教员共同掌权并自我管理的旧传统。也就是说,学术权力的动态是可以通过学术团体和官僚机构团体间及其矛盾的关系来定义的,但也可以通过关于卓越的论述来定义。这种论述以其含混模糊,试图展示双方并不是分开得太远,而是在尝试表达同一件事。教员一方情愿纵容这种文化中的模糊,快乐地追随金钱的踪迹,同时快乐地与公司权力利益合作,成为美国人长期持有的信念的自然延伸,即高等教育是一件具有企业家精神的事,总是为经济的目的服务。

毕竟,美国大学是在 19 世纪末期作为民主发展及资本主义经济的一部分而完全登上权力舞台的。巴罗自己引证了大量令人信服的证据,说明美国大学的兴起和美国经济的变化平行发展,并得到经济变化的支持,这种经济变化始于由修建跨国界铁路系统(1861—1907)引发的工业革命。在这些年里,大量的劳动力和资金进入工厂、煤矿和铁路中心,"全国经济交换网络"不断发展,制造业大幅增加,摩根第一、洛克菲勒、梅隆等强大金融财团兴起,他们在商业的不同领域拥有大量股票,对学院重要性的权重不断加大。到第一次世界大战结束,美国的商业已经成为一种公司文化,具有合理化的生产过程和内部组织,权力从集权架构向下流动,同时为了保护重要财团的资本利益而寻求兼并。正如巴罗所说的那样,"其最后的结果是,到 1929 年,200 家最大的非盈利企业(几乎全部与国家最大的金融机构有着重要的联系)拥有美国所有非盈利企业 48% 的资产"。[9] 随之而来的财富戏剧性地掌握在少数人手中,"到 1893 年,美国人口调查局的统计学家们报告说,9% 的美国家庭拥有全国 71% 的财富"。[10] 随着财富的增长,不仅是需要受过良好教育的研究人员和管理人员的商业力量中心在增多,职业发展训练学校和在高等教育中慈善投资的强大文化也在成长。

美国大学的现代化很大程度上要归功于这种形式的公司发展。特别是私立学术机构的创办和生存,曾经并且依然依赖于公司慈善事业的慷慨支持。作为美国高等教育发展背后强大推动力的宗教学院,长期以来一直和资本主义保持着不太深入、相对轻松的有价值的联盟。企业管理的例证和在市场经济中取得成功所必需的策略及效率的例证,自 19 世纪末以来对美国大学及其劳动力产生了主要的影响。学校的收获是认识到了战略规划和市场调查的重要性,学会了谨慎的产品开发,内部管理中集权和分权并用,在开发学术市场方面与他人合作,以及巴罗所说的“相互竞争的机构间市场关系的合理化”。我们还必须加上,学术工作者的职业化同时带来他们对在自己的权力内,像对待科学那样建立哪怕最象征性的人文学科研究的关注,同时关心在课程安排和学习结果两方面取得成就的方法。

几乎所有的私立和公立大学其实都明白的一个事实是,他们的生存取决于足够的资本化:尝试(经常不成功)保持至少是机构年预算两倍的捐赠款额度。他们还支持树立形象,制定有吸引力的“包装”,对产品的清晰描述,以及产品多样化等策略。他们限定并针对自己的目标公众,致力于为他们提供他们想要的——通常是在本科教育阶段提供一系列实用而有利于增加工作能力的学位,以及让学生入门的基本普通教育。他们了解提高公众对其产品的购买欲的重要性,因此使用有竞争力的定价,寻找最佳价格—成本比例,保持良好的公共关系。他们加入企业界,有选择地将审美文化中的某些部分同化,变成描述经济及政治成就的语言。他们根据自己的生产力程度,宣传负责任的基金和预算管理,有效使用教员和学生,认真分析利润率,使得分散的预算可以让利润在各单位间得以分配。很多学校在其理事、政治家以及大众眼里,还很难证明自己确实理解什么是负责任的管理,尽管也有很多学校的经营管理很不错。

不少学校对现代大学演化成为商业企业提出了经济方面的解释:中产阶级专业化职业的兴起,需要更多拥有大学学位的人担当相应的职位;世纪之初对教育提供社会流动性的兴趣日益增高;像大卫·莱文(David O. Levine)所说的那样,第一次世界大战后的革新运动造成了不断发展的“文化渴望”。由于“一战”末期入学人数增多,大学行政部门为了面对这种繁荣必须提高效率,而各学院为了竞争生源,对学校声望的意识大大增强。他们在提倡将人口社会化和培养训练有素的劳动队伍这个公司理想的同时,也在利用所有强大的社会利益来进一步增强学院的影响力。

简言之,美国高校的校门内外都存在着强大的自由资本主义意识形态,虽然这种意识形态始终要应付自治的教员文化。最后,自由资本主义和公司利益占了上风不足为奇,尽管大学内的权力关系总在变动。我们发现,在大学里,并不是所有教职员工都认可他们所在学校的现状,很多公共学者和行政官员都对现存的问题失去了耐心。为什么不能简单地让课程本身来讲述伟大文化的发展和资本主义价值的霸权呢? 我们对保守的公司支持者崇尚旧有的人文学科课程并不感到奇怪,因为公司文化的标准很容易就会被看做是学术管理的最后标准:高效率,容易记住,高度关注权力问题,具有英雄气概和对公司价值的贡献。正如约翰·吉勒里(John Guillory)所指出的那样,这种标准首先是一种文化资本的形式。[11]知识本身也是。

知识和资本

高校的文化矛盾像在资本的本性中那样,在知识的本性中浮现出来。尽管公司实践在经营大学时占上风,每所高校中都存在的文化战争仍在两种主要学术力量中展开:一是**商品知识**,即能在工作中发挥作用的知识,包括职业培训和为职业做准备的培训、政策开发、发明及专利;二是**象征性知识**,即价值观判断、道德伦理、文化、审美、哲学思辨,以及与思想科学相关的知识。有些人建议大学应该单纯致力于一种或另一种知识,这种建议是不明智的。大学里应该包括上述两种知识,尽管两种相竞争的知识之间存在着紧张关系,对学术性和象征性知识的现代认知,特别是以通识文科和人文学科为代表的知识,更难以证明其价值,因为受市场驱动的大学争着树立具有市场价值的知识的重要性。

如果大学因其学术资本而旺盛,它也必须如此,那么学院文化之争就是由行政部门和教员对知识的评估不一致而起的。学生及其家长经常不能马上意识到这些政治争斗的复杂性,他们会选择能为他们创造正确氛围的学校,即注重实效,或是浪漫,或是自由,或仅仅是有用的学习。但对学生和教员来说,每所大学如何评价知识和公众主张的重要性意义重大,因为这为其文化定调。知识——什么人拥有它,为什么拥有——限定了教员的身份和地位;课程和研究受到审慎保护;在探索知识的过程中,学生可能会像同事般受到训练;"知识产权"是在其成为法律术语之前很久就已经被高等院校相当了解的东西;教员们带着对什么课程重要什么课程不重要的强烈主张,设法获得行政部门的支持。简言之,教员中有一种默契,作为一种权力的知识所有权,是校园里重要的东西。而每个校园里对什么是最有力的知识形式,都存在明显的争论。

对教员来说,最重要的学术主体性政治——一套复杂的关于性别、种族、民族和以阶级为基础的认识论,伴以对专业成就和自我尊重的定义——也是受到对知识的拥有,以及那种知识在校园内外被如何评价的限定。但当教员文化中主体性的细微差别被现代大学的公司型实践所湮没,当消费主义和质量控制标准首先基于对被认为是大学外围公民或商业企业的参与,来制定新的学术文化价值,或当他们坚持学习中要有可衡量的证据时,那些在更具象征意义的领域从事知识开发工作的教员,他们的自尊心就很难维持。例如,当不认为自己是学术企业的外围部分,或是隐退到自己私有的学术闺房中时,一种夸大的感伤和趋于过分唯美化的情境和挑战就会轻易俘获人文学科,同时还有强烈的个人权利和失去机会的感觉。可以理解,教员们重视教和学都是赋予能力的方式,因为学生和教员是相似的。无论是文科、人文学科还是社会学科,对学校趋向于根据可衡量的力量来评估学术资本而感到失望的并不在少数。

但学术知识有其自身的生命力,它们并非简单地为研究人员、学者和老师所拥有,或者依附于他们而存在。知识的说教出现在不同的学术场合,如专业学术组织、教员评议会、商业环境、校园闲谈等,甚至还可以出现在健身房里。知识作为对理想的论述,有其浪漫的一面,它可以容忍各学科在发现与创造中飞翔,而很少停下来收集奖赏。也就是说,很多教员了解他们自己所钻研和从事的研究工作的乐趣,那是一种知识总是处于模糊和挑战关系下的另一种感觉和刺激。知识的本性是跨学科的,不成为思想史家就不可能成为英文教授,不成为数学家和哲学家就不可能成为物理学家。政治科学家既是科学家——探求各种组织和各个州如何行使职责的法律——又是雄辩家,为更好的世界而争论。

不论学术知识的概念多么浪漫,也不管每一个教员的个人兴致多么真诚,这种理想的论述是相当不稳定的。任何社会、政治或经济变化的力量都能影响到知识在学科中的可靠性,这使得对知识所有权的斗争更加剧烈,使文化矛盾更加突出。有时交易价值和象征价值相互缠绕,令人难以理解。例如,跨学科学习在现代大学里却处于充满疑问的情形。本来,对单个问题或事宜持有各种不同观点是学术活动中最令人兴奋的经历之一,但现代大学行政部门在宣传跨学科学习时,仅仅是为了能使重要的社会主题出现在本科或研究生学习阶段。跨学科学习还可以打破部门政治的僵化樊篱,将教员转化为需要由少部分人代表的通才。教员们当然了解这一点,他们小心谨慎,不想失去部门这个家。行政部门也将跨学科教育的发展看做是大学里所谓的知识盈余,特别是在通识文科领域。然而具有讽刺意味的是,鉴于知识的所有新组合都需要被塑造成型,除非重新配置各部门,否则跨学科教学工作实际上将会更昂贵。一旦被体制化,跨学科的课堂将不仅为其象征性知识——对重要课题全新的、令人振奋的关注——受到评估,也为其交易价值接受评估。

那么,大学中关于知识的论述,其作为智力资本的价值及其作为学术经济的一部分用途,将会具有高度复杂的生涯,而我们必须非常谨慎,不要太普遍化地将大学仅仅当做实用性学习的企业中心。毫无疑问,在强调有利可图的课程的努力中,公司/官僚政治对大学的控制频繁地与大学教师发生冲突,教师日益失去了对获得象征性知识的控制力,但我要说的是,这有一部分也是“我们学者”的错误。因为如果知识有任何可持续的本来价值,就必须在学院以外有价值。知识必须能在我们居住的地方使用,尤其是在目前这个被媒体控制的社会里,知识的发展更多受到消费者需求的驱使,或受到某些突破性研究、发现的引诱,以及对新经验的渴望的影响。大学教师们需要对自己塑造公共知识的责任保持机敏。作为一种日益增加的数码商品,即便是最复杂的科学知识或构思,在用符号沟通的世界里都比以往更有延展性。用数码观察法看,知识处在如此不固定的流通和再发明状态,以致它从不会仅仅是一种交易物,而总是在其几分钟名气的过程中凭本身的头衔而具有象征意义。它总是对分析和解构而开放,但也对卓越和电脑演示而开放。

因此,学术知识需要培养公众对其多样性和力量加强理解,包括知识如何发挥作用,其组织形式和输送方式如何影响其本身的状态等。目前大学的企业化还没有引出交易性知识和象征性知识之间明显的争斗。公司传达的信息是,自由市场就意味着自由。在我们的民主中,知识(除了最秘密的研究)主要得到自由市场的资助,而自由市场趋于以知识的公共用途来为其估价。这种信息介质的含义和马歇尔·麦克卢汉(Marshall McLuhan)曾经提出的具有一样深远的意义。正如近期的数个香烟广告所意味的那样,我们想要发现自己对自由——吸烟——的热爱是正确的,只需承认我们说香烟公司一无是处是错误的。即便最健康的价值判断中也有自相矛盾的说法,即这种判断会限制自由。而关于自由的自相矛盾的观点则是没有折衷的价值判断就无法在政治正确的世界里生存。(对香烟的辩论当然某种程度上是似是而非的,但只是因为吸烟会伤害吸烟者周围的人的信任,令他们被动吸烟,而不是吸烟者自己,他们当然有自由做自己想做的事。)

我所要得出的结论是:人们若想发现自己为了其交易价值而获得知识并且赚钱的倾向是正确的,只需要克服自己对公司式的“知识工厂”型教育感到厌倦就可以了。这难道不是我们大家都想要的吗?这就是公司论点的力量。因此知识的公司价值——它首先实用因而有价值——在大学里微妙而又有力地和通识教育中更抽象、更偏向伦理和审美的价值相竞争，同时具有巨大的吸引力。公司大学频繁地用语言和行动表明，它希望让知识在其随意流动的过程中承担主要角色，让知识提高个人的能力。市场引起了民主和民主资本主义，如果通识教育不能跟上它带来的矛盾，不能接纳它传达的信息，以便很好地应对自由市场思维方式和新科技的力量，那么就意味着通识教育将深陷囹圄。

当然，高校最近被迫开始提供比以往任何时候都更具象征意义的普通教育，这种普通教育中不仅有电脑技术，还有社会和职业技能来补充各个学科，同时象征着通往知识和智慧的本来面目的捷径。如同约翰·汤普森(John B. Thompson)指出的那样，这一切发生在一个"日益被体制化的通讯网络所贯穿的世界里，在这个网络中，个人的经验可以通过由符号来生产和传输的技术系统而传播出去"。[12]数字介质本身成为自由的讯息，即便是最具实践性的知识也能被变成符号。那么问题是：通识教育怎么能凭借其本身适应这种状况而变得强大？我将在本书最后三章中探究这个问题。

然而，我在此注意到，通识教育拒绝转变为单纯的信息，尽管单纯的信息常常会获得扩大了的象征性价值。象征性知识从不会有尽头，而只是一个过程。它可以在学科中被轻易地专业化，但它也会咬自己的专业尾巴，而且经常这么做。象征性知识对信息转移那诱人的便利充满警惕，即使大部分教员情愿用一年的工资换取一次在谈话节目里讨论自己的新书的机会。总的说来，传统学科中的学术知识是保守的，比专业知识更保守。传统的知识假设新的需求和旧的无异，因为人并没有改变太多，而且"人类"，正如诗中所说，"不能忍受太多现实"。传统知识坚持自己的论点和认真的价值判断，而不是简单地为了成功或可以衡量的进步反复使用其技能。当它建立了重要联系并能进行组合时会感到快乐，它想知道为什么自己是重要的，为什么不是。它对自己的本性进行反省。

因此，拥有纯粹以技能为基础的知识的商人和抽象的思想家之间实际上存在着明显的界限，且由此引发的文化战争正日渐深化。这种文化战争在新的通讯网络中尤其激烈,因为媒介不再允许知识是纯粹神秘难懂的,因为教员们越来越无法说自己是文化仪式中的圣人,因为知识拥有力量,不管多么抽象,只要人们需要它,想要用它,认为它有用。然而旧的学术习惯很难消亡,即便其弹力不受市场的尊重(其实市场什么也不尊重)。它纯粹只是从市场中获取信息。教员们陷入一个模糊的企业,一方面他们马上看出自己已置身于创造知识并使之成为加强对周围世界的了解的方法——当然他们自己并不认为这是一种商业;另一方面,他们像所有的好企业家们那样,意识到这种知识的商品化带来了一定的经济回报,并且强化了声誉。

可以补充说明高校中知识状态的复杂性是,大学仍处在从凯恩斯主义经济时代的转换中,这种转换主宰了我们如何在高等教育中组织知识并设定课程。我们被卡在仍然有威力的福特式社团主义战略和管理的新责任中心理论之间(以学科为基础的部门分布是一种很好的例证),尽管前者在大型企业经济中已经被弃置一旁。在一个灵活的、以团队为中心的多职能市场型年代,身在高校中的我们对知识的生产和分发仍旧经常保持一种严格划分的因循守旧模式。我们在高等教育机构里保留着少量中央集权下的经济统制,掩饰学生准备、天赋才华以及支付能力等一系列的不平等,同样不平等的是可以理解的科系用途和生产力。为保持学术产品装配线的运转,大学通常组织其学术预算的方式,是将从比较诱人的课程中衍生出的资产,即便不是分配到高收入生产中,也分配到那些他们认为是本科教育的要素的课程中。

但即使这样的利他主义,也在向灵活的责任中心预算方式转变时受到了威胁。新的管理战略坚持让学院的各单位都能在其各自创造资源的成功中得到投资(或因其失败而得不到投资),这样就有效地侵犯了很多文科系的主动权,将他们的身份简化为提供服务。因此一些知识的分支就变得没有其他分支那么重要。新的预算策略理应刺激教员积极为管理他们自己的"知识产业"负起责任,并且应不惜任何代价鼓励企业家精神,但不总是能让知识开发占据优势。正如我在下一章将要指出的那样,教员在公司式大学里也形成了更细的劳动力分工。

最重要的一点是,在预算管理上解除控制并且分散预算权力的这些实验有效地解除和分散了知识的生产。不管这些实验作为预算管理多么睿智和刺激,它们在学术上的破坏力极大,因为它们很少注意知识出于其自身的象征性理由而汇总为最佳状态的过程和方式。具有讽刺意味的是,这些战略使跨学科学习更难实现,因为各系都在忙于确保本单位成为利润中心,通常都不想和其他系分享财富。知识开发很大程度上变成了一种在财务方面最好地适应消费者想法的成功。

毫不奇怪,那些更能适应公司经济效率的学校——公司经济中信息首先需要有一个可商讨的价格,公司规模也可能随时为了股东的利益而缩小——在显然不够高效的官僚体制下被大学教育的巨大成本挫败。知识是一种需要在机构成长中被明智地再次投资的资本。这距离认识到教员任期是问题的一部分只有一小步。学术工作中的权力感——即教员应该被终生雇用仅仅因为他们曾在工作的最初七年很有生产力——显然使得高等教育机构几乎不具备刺激他们成长的灵活性。

因此我们经常听到要重新审议将教员的地位作为被保护物种的需求,因为人们感到他们对于更新知识资本心存抵抗,并且太过坚持依附于系里这个家。其论点在于,工作的安全性应该像在所有其他职业中一样,是一种需要不断争取的权利。那么,教员们长期持有的信念遭遇了响亮的挑战,教员们一直相信他们在制造知识的过程中不仅是手段,而且是目的。很多行政长官有很好的理由反过来看问题:教员是达到目的的手段,而目的是学生的学习。因此辅助教员常常可以补位;来自工作领域的专业人士可以替代大学教师,因为他们已经掌握了作为交易物的知识;在线项目可能是开发课程的最有效途径。学科知识的市场太过专业化,太受保护,根本很难真正成为自由市场,而这种状况必须改变。

甚至还有一种并非没道理的观点,即我们在后现代大学里通过学科结构过度积累了知识。虽然可能有人会说不会有知识太多这种事,但很显然高等教育要求我们将知识组织起来,以便知识对某些事有用:

作为通识教育使命的一部分,或者为了服务于社会和经济。而当我们没有针对自己的使命来评价知识的生产时,积累过多这个观点就反复地回来困扰我们。这就带有讽刺意味,这是学院市场文化的直接结果,不是以大学的学术原则为基础,而是以依赖市场需求的灵活的知识积累为基础。

简而言之,当谈到知识生产的问题,学院本身就完全处在后资本主义的有疑问的阶段。没用的象征性知识不代表清楚的社会价值的构成,也总是难以被证明是有道理的。鉴于教员的研究是一种高度个人化的行为,没有认真的批评,各学科会具有过度积累知识的倾向,并且经常无法找到合适的词汇来使其象征性知识具有公众价值。具有讽刺意味的是,知识已经变成大学里的力量,和金钱就是力量异曲同工:不仅作为一种有固有价值的商品,而且有数量和交易方面的考量。然而知识在本性上并没有金钱那样的力量,很多知识不见得能建立其固有价值。

知识,如同它在公司中的资本一样,具有双重角色。它在我们所谓的信息社会里获得神奇的力量,不论其价值如何——因为互联网解释了其非凡的信息增长,其中很多相当不受控制,且价值不确定。然而因为金钱作为劳动的价值和交易的象征都具有其价值,两者的分离和劳动分工密切相连,所以知识在学习的商业中也有作为学术劳动价值的价值和作为交易象征的价值,而这两种价值的分离和大学中教员的劳动分工密切相连。知识在我们这个多重介质的社会里有其自己的生命,与什么人拥有无关,这个事实使得整个情形即便不是完全无政府主义般乱套,也变得更加复杂。它本身是一种商品,被剥夺了意识形态,被传播媒介和有关卓越的华丽说辞所承载。知识的模糊状态和大学的公司型管理已经以有力的方式向通识文科和人文学科的教员,特别是他们对其自身工作的异化状态,发出了信号。

第四章

教职员和劳动力分工

如果说大学里关于卓越的论述以及知识和资本间的复杂管理遮蔽了意识形态的矛盾，那么教员、行政官员和理事之间经常处于紧张状态的关系则是显而易见的。当然，对那些喜欢一大早就闻到硝烟味道的人来说，过去大约20年时间是高校里相当令人兴奋的政治时期。除了17世纪末18世纪初有一段时间，也就是被本杰明·迪默特(Benjamin DeMott)恰当地称为“极其枯燥的学院和平”的那段时间以外，教员及其他想要保持传统人文学科标准的人和那些宣扬更具多元文化课程的人之间，一直存在着广泛公开的矛盾和斗争。同时，教员和激进主义理事之间也存在着矛盾，这些理事和很多大学里的行政官员及公共学者一起，根据不断上升的课程成本，抱怨教员的生产力及其任期。再加上教员对学术自由及知识产权所有权的担忧，学术文化不断酝酿，在大部分时间都可以控制的热度开始慢慢沸腾，很快就会达到燃烧点。

我们经常会遗忘美国的高等院校从一开始就从来不是由教员控制的学者性质的独立行会。运营高等教育的权力总是被教员、行政官员、学生、校友、本地政府及联邦政府、教育评估机构和管理委员会里的公众代表等共同分享。管理委员会总是有决定权，因为自从达特茅斯大学1819年的判决之后，高等院校就作为独立的企业实体，受到董事会和理事会的管辖。这些委员会不常干涉课程事宜，因为教员们长期以来一直被支持把守课程的大门。课程内容及其行政管理和人员配置，可能会经过一些公开讨论，但教员们相信和任何人讨论都不如和自己讨论有决定权。然而，正是这种教员们可以自由控制课程的假设现在受到更加公开的挑战。我们可能处在一个管理层和工人之间权力斗争的新阶段，这种斗争发生在美国最后一个仍由工人大量控制生产工具和结果的行业内。

管理者和教员/研究人员之间的矛盾现在受到双方的广泛重视。大家都强烈地感到这种斗争将在今后10年左右持续下去——特别是关于学术自由的问题。关于这个主题的文章，编辑路易斯·梅南德(Louis Menand)近期进行了汇总，他说：

> 学术自由的概念将处在大学未来政治及经济斗争的中心。学术自由不只是一种系统内的工作人员所享受的奖励，而是一种哲学上的奢华，大学有了它可以有效运行，而没有它会更有效率。它是整个企业的关键合法概念。事实上每一种我们想当然的学术生活实践……都由此衍生出来。任何一种关于学术界正在发生什么的内部说明，必须同时是对保持学术自由所限定空间的有说服力的论证。另一种可供选择的办法是对所有人的政治自由，其中关于课程、资金、聘用、课堂实践及学术价值的决定都要通过竞争中的各种利益的谈判过程来达成。这种谈判中的权力不会被教授们所支配。[1]

有些教员会说他们的权力已经失去，因为大学的运营越来越在像学习的公司，知识的地位迅速改变为强调交易价值，管理战略松散地与公司式的组织体系相联系，公众很大程度上采用消费主义的姿态，而行政部门已经明智地致力于改变学术产品(偏好职业教育)，因此也已削减了较传统的大学教师的权力。他们还通过分权的预算系统，实现了对教员工作的重新组织，这就影响了课程优先权和教员的地位。

光是彬彬有礼解决不了问题。有人说学院里的斗争太恶劣，因为能争得的利益实在太少。这种疑为伍德罗·威尔逊(Woodrow Wilson)

的言论,显然已不再是事实。学校的利益在大市场中与极度活跃的企业兼并文化相比,可能显得有点低,但对教员、学生和知识开发来说,却非常高,因为这关系着教员是否能保留学术企业的自由。

问题也不是哪方会赢,而是到底应该支持公众利益的理事们努力寻得管理效率,还是支持教员们所坚持的学术自由。双方都有被遮掩的意图和不同的参与者,使得其立场越发复杂。例如,教员权力的传统表现被迅速打破,因为知识越来越被新的关于卓越的说辞、分权的预算系统、数字通讯网络及知识产权合作伙伴所操纵。大学越是变得像学习的企业,它就越能清楚地知道,即使是创新学院的总运营官,也几乎没有权力违反学生的消费主义需求和公众对研究的需求。利润不断增多的机构需要赚钱,但大学还需要承担强有力的通识教育的使命。最后,甚至通讯软件公司都会成为大赢家,因为他们可以通过对学习终端产品的管理,声称自己能更廉价、更高效地传播和我们在学院或大学中所教授的“相同的”信息。

当然,教育中的政治斗争会相当激烈。考虑一下下面引用的三段话:

“二战”结束后发生了巨大的变化。人们从城市搬到郊区,州际高速公路彻底改变了交通状况,电讯通讯系统穿过各家的屋顶,医疗保健也有了重大革新。现在高等教育中也将发生革命。不论你是否喜欢,整个教育体系都将被打碎,然后再以不同的方式重新组合,不再会和原来一样。为什么会这样呢?为什么每件事都在变化而高等教育不变呢?

——詹姆士·卡林(James F. Carlin),马萨诸塞高等教育委员会主席,保险执行官,[2]在大波士顿区商会午餐会上的讲话。

是任由校园充满邪恶还是承诺去救赎它呢?保守派激进主义理事们屈服于诱惑,选择任由华丽修辞的气球飞越理解正确和有细微差别的杂乱无章的田野……作为一名在私立和公立大学中都工作过的教员,作为一名大学行政官员,作为一名大学的理事,我经常为教员对课程的犹豫不决而沮丧,他们将自己的或是部门的利益放在学院的利益之上,或者拒绝考虑课程决定背后的财务结果。然而,课程必须由教员来决定的原因带有强制性,所以也就不得不克制自己偶尔为此生气。我强烈要求激进主义的理事们也这么做。

——凯瑟琳·斯廷普森(Catherine R. Stimpson),纽约大学文理科研究院院长。[3]

对激进主义理事的批评主要集中在指责其政党(保守党)政治和轻视教育目标的过度预算削减,以及对共同统治和学院文化价值的敌视。而激进主义理事却辩护说,主要问题是高等教育的行政官员们未能成功地解决好预算赤字、成本上升等严重问题,以及处理好教员的权力和生产力的关系,也没能坚持正确的政治方向。双方都没说错。当财务金库见底的时候,对学术文化固有的敌意就一定会进一步增加。学院的行政官员们在使财务体系走上正轨,挑战校园中不同的利益团体,以及让教员担负责任等方面,动作非常迟缓。

——马文·莱泽森(Marvin Lazerson),宾夕法尼亚大学教育学研究生院教授。[4]

面对激进主义理事的修辞,凯瑟琳·斯廷普森的回答是深思熟虑和带有建设性的,但同时也带有克制的精神愤怒。然而令人悲哀的是,这种回答首先并没有正面应对已经对教员造成攻击的根本的文化矛盾。就让我们从斯廷普森对那些想摧毁传统学术力量结构的修辞战略的分析开始吧。

斯廷普森在我们节选上述片断的那篇文章中评述道,“保守党政府指派了那些自诩的‘激进主义理事’……加入到公立大学的理事会中”,同时“在一些关键的州,如加利福尼亚、马萨诸塞、密歇根、纽约及弗吉尼亚等州的高等教育系统管理委员会中具有很强大的势力”。她继续说道:

激进主义理事们似乎采用了陈腐的作战方案,即保守派在参

> 加“文化战争”时所使用的方案。
>
> 首先,他们从美国人对高等教育成本的恐惧说起,进而攻击美国高等院校固有的松懈和浪费现象。他们把教员和行政官员说成是被正确思考的人们所怀疑和轻视的对手。声明固定的信息来源不可信,要建立自己的研究单位——不论成本如何——像纽约城市大学董事会所做的那样。他们认为现有的理事太过疏忽、被动,或不敢承认高等教育已经具有的奥吉亚斯王的牛棚般的恶臭。
>
> 第二,指出你本人是救赎的德行中无私、勤勉的一方,将“接回”美国的校园——通过恢复学术卓越性知识探究的自由,以及聚焦在伟大的书籍、伟大的思想和西方的成就上的通识文科课程等方法,从而转入课程的话题。声明你将会把莎士比亚从坟墓中唤醒,带回到当代教员们想要填充他的地方。同时说明,在这个过程中,被净化了的校园也将清除教员的怠惰、财政的膨胀、以及种族倾向……
>
> 第三,为这场战斗征募姿态鲜明的发言人……建立国有的基础设施,来保持并训练对高等教育有相似思想批评的运动……(例如)建制良好的全国学者协会……以及……全国校友论坛的 ATHENA 项目(ATHENA 是“高等教育责任的校友和理事”的缩写)……
>
> 第四,一旦控制了局势,尽管承诺要恢复失去了的质询自由,但对任何独立的声音都心存疑虑。让那些不服从的人保持沉默。开除那些和你意见不合的会长和主任,不管他们可能多么受到尊重。对教员的任期提出质疑,或者干脆极端地提倡废除任期制,而忽视任期和学术自由之间的联系。

斯廷普森所反对的保守派主张有很多是来自公共学者们的观点,他们曾在过去 10 年里写了很多尖锐的文章来攻击高校。斯廷普森指出,激进主义者在如何看待课程上存在分歧,有些“引用工业模型,将课程和产品相比,把学生和顾客相比,力图以尽可能最低的单位成本为基础来提供服务”。因此,“将教员比作制造产品的合同制雇员,将理事比作公司的董事会,将大学校长比作脆弱但反应迅速的首席执行官”。其他理事“赞扬让有高度选择性的通识文科学院投身于规范的课程安排中”。然而,真正的问题是“激进主义理事显然是要以他们的观点——不管多么轻率、有限或主观——来代替学院和教员的意见”。这些主张越来越不能反映“兼职日益成为美国最好的大学的特色”。斯廷普森建议,问题的解决办法是大学董事会确定一个能够体现“尊严、和谐、教养并坚持教育基本原则的基调……能够提出难题而不沉湎于注重实际的快乐……对课程的设置和发展感兴趣,又不冒犯教员在这一领域的权力”。

凯瑟琳·斯廷普森的观点是很多反对激进主义的教员、大学行政官员和董事会成员用来描绘战线的很好例证。其中对教养的呼声最高,最强烈的情绪是理事们因过于傲慢所表现出来的沮丧。即便很少有人反对将教养作为成熟行为持久不朽的原则,教养本身也并不能解决高校中存在的问题。而它所引发的冷漠和道德杀伤力还经常助长了强烈的固有文化矛盾。更重要的是,讲授差别始终是值得做的事,正如杰拉尔德·格拉夫(Gerald Graff)所建议的那样,我们需要更中肯地分析是什么塑造了后现代大学的文化,又是什么刺激物攻击了学术自由。简而言之,我们需要讲授文化批评的方法,在此处更多的是了解我们组织知识的政治和经济背景,而不是在限定阅读清单时再次纵容废弃了的左派和右派的两重性。

人们发现高校内外的很多人可能并不介意被称为激进主义分子,但他们觉得詹姆士·卡林的说法相对他们的品味来说太过粗鲁。他们仍能觉察到高等教育的深层问题与官僚体制的效率低下和缺乏集中的使命有关,甚至也可能与基于学科一体化的、更加不确定的学术自由观点有着密切的联系。上文引用的马文·莱泽森的话就指出了这一倾向。学者们自己能够承受任何作为防御分析的体制化支持形式。人们可以说如果高校不是如此善于自我模仿,激进主义者的批评反而更有可能刺到痛处。但是我们要记住,高等教育中变革的呼声不仅仅是保守派外来者的哀叹。非常支持高校的赞助人发表过很多公开宣言,他们不想看见流血战争，但也日益缺少耐心地谈到，他们认为教员对任何变革都持有不妥协态度。简言之，人们也会厌倦高校自己的"华丽说辞的气球飞过理解正确和有细微偏差的杂乱无章的田野"——对我们也一样留下了不少没有刺破的气泡。

因此，像斯廷普森那样仅仅回答课程不受限制是不够的，因为我们都很清楚课程本来就是为了公众消费而设计的。它也是学术文化力量的基本象征，这种文化的存在本身在很大程度上就是通过知识开发为社会利益服务的。更简单地说，我们所教授的内容必须具有社会意义，只有在知识的象征性价值和交易价值之间保持公认的距离时才能存活。毕竟，正是通过公众对现代化和学术资本的不懈需求，大学才变成了学习的企业，而教员大体上赞同这种变化。这是公众一直期待的事，尽管某些大学教师怀疑自己是否是在做浮士德式的交易。

但教员在历史上就一直承认，社会、经济和学术需求在理论上都可以占领同样的学术领地。这种观点长期以来推动着现代大学的综合使命。因此，高等教育机构在将社会和经济理想与培育智力的理想一体化时只取得一些混杂的成功是很悲哀的事情。很难想象如果高等学校不承担课程的社会和文化分析，怎么才能够对社会更有用，又怎么才能履行其社会使命。也就是说，学科可以是学术自由的源泉，是能够定义的学习之家，甚至是学术活动的权力中心——但它们只能在其社会意义上表现出全部的力量，能够在一定程度上有效说明自身和社会、自然和文化的问题。因此，似乎不可避免地会发生这种情况，即如果教员未来的自由能被恰当定义的话，也必须按照跨学科合作的职业化字眼来定义，即便能继续保护教员任期和研究的自由。

那么，今天教员们所面临的最大挑战之一是认识论的挑战：在大学和学院里组织知识的最有效形式是什么？对于本世纪学术界通过大学里的各种权力结构关系来发展知识的情形，我们有时候了解得非常有限。对于高等教育已经发生的变革，以及将要进一步发生的变革，特别是对真理、知识及伦理本性的信息系统的影响，我们所做的研究也少得可怜。简言之，我们需要更清楚地了解高校在一个社会中所能够和必须扮演的角色,而这个社会的多样化、市场体系、媒介化和高度灵活的经济和政治结构,正迅速地使我们越来越难以将知识作为一件只出于自己的兴趣,或主要从学科角度考虑的事情来探讨。

如果贤明的思想可以使企业明星们仓惶败下阵去,如果任期制永远存在或不再存在,如果我们能根据政治家的喜好解决研究和教学之间的矛盾或者进一步提高标准,如果我们能在高中阶段更好地培训学生,或者即使我们能够一次性地对美国人应该是什么样的人作出永久的决定,我们的问题也还是不会消失。只有当我们对知识的组织重新有了概念,使之为通识教育能够成为什么赋予更大的意义,以及像我所要论证的那样,让通识教育回归到对民主教育这个中心问题的关注上,高等教育的未来才有保障。

劳动力的分工

除非我们愿意进一步探索大学里教员的工作及其主观能动性,重新组织大学里的知识和回应公司式的激进主义都将没有任何意义。马克思最先说明资本主义经济如何造成矛盾丛生,又如何被其带有危机倾向的文化所推动。了解他如何清楚地定位这种矛盾的深层主观本质是必要的,大卫·哈维(David Harvey)在其著作《后现代状况》(*The Condition of Postmodernity*)中对此作了简明扼要的总结:

> 存在于商品生产背后的劳动和生活状态,快乐、愤怒或挫败的感觉,以及生产者的思想状态,在我们用一种物品(金钱)交易另一种物品(商品)时都是隐藏不见的。我们每天吃早餐时不必想到无数参与早餐生产的人……我们无法通过注视超级市场里的任何商品来了解其生产背后是什么样的劳动条件。马克思主义关于拜物教的观点,解释了在资本主义现代化的条件下,我们如此客观地依赖于其生活和志向对我们都完全不透明的“其他人”的基本情况。

> 马克思在其后的理论中尝试揭开拜物教的面具并深入了解其背后的社会关系。他当然会谴责那些将“他者不可测知”作为信条的后现代主义者,谴责他们和拜物教事实的明显牵连,以及对根本的社会意义毫不关心……
>
> 因此资本主义“一方面对其需求及手段进行诡辩,另一方面则是兽性的野蛮化,一种完整的、未经提炼的、抽象的无知需求”。广告和商品化在其意象中毁灭了生产的所有痕迹,更增强了在市场交易过程中自然出现的拜物教。
>
> 进而,金钱作为资本主义社会中社会权力的最高代表,其本身变成贪求、贪婪和欲望的对象。然而,我们在此处同样遭遇了双重含义……金钱事实上将政治和经济溶入具有无法抵抗的权力关系的真正的政治经济中……金钱通用的物质语言和商品一起,在市场资本主义范围内,为将各方在同样的市场估价体系中连接起来,以便通过社会联系的具有客观基础的系统来实现社会生活的再生产,提供了全球性的基础。然而在这些宽泛的限定之内我们是“自由的”,和过去一样,可以用自己的方式发展自己的个性和关系,发展自己的“差异性”……金钱是“伟大的平等主义者和愤世嫉俗者”,还是伟大的“民主主义者”。金钱准确地通过其容量成为一体,来调和个人主义、差异性及超常的社会分裂。[5]

正如我在第三章中论证的那样,将知识作为一种交易商品来开发与哈维描述的生产过程相似。高校通过聘用教员,使课程专业化和多样化;通过认真的自我宣传,以及坚持将教学作为师生双方个性化的艺术,并让双方都能象征性地附着于他们所学的知识等方法,来维持其知识经济的运行。然而,大学的行政部门并不总是能够认真了解员工的主观愿望,即“生产者的思想状态”。教员和行政部门经常只在紧急状况下才想到深入、密切地讨论他们之间的差异。学位项目象征性地依据无数必要条件才将知识的学习统一起来,各系甚至试图通过宣传自身的重要性来盲目迷恋知识。这种统一在公司式大学里存在着严重的矛盾,尽管证书的神秘性在大众心目中仍徘徊不去。只要教员参与知识的市场交易,他们就会越来越意识到,知识在他们心中的主观含义和在学生和公众心中分裂的价值之间存在着很深的鸿沟。过去他们一直以为自己和自己的学识间存在着有机的联系,意识到了这种看法的错误成为他们心目中最大的困惑。

我在上一章中谈到了关于现代大学中行政管理专家和知识专家之间、公司式领导和教员之间的传统劳动力分工,同时也提及了知识和资本之间的关系。对于那些身在公司文化之中的教职员工来说,他们几乎没时间去评价作为发展公众及个人哲学符号的知识的强大作用。相反教员们需要看到,知识的象征性价值不能仅仅通过积累来定义,而要通过它在要求我们说明知识资本社会重要性的高等教育市场体系中的价值来补充。

马克思还教给我们关于劳动力分工另一个方面的知识:当工人的工作因为重复和单纯的服务而贬值,以及在他们被调离与市场直接挂钩的工作岗位后,就会出现士气消沉的现象。这种情况在当今知识生产领域的人文学科中表现最为强烈。这些学科的课程被频繁地减缩到服务状态,教员们常常被辅助的或合同制工人取代。因此即便教师能够用最诱人的语言来讲述人文教育的文化价值,大学也必须宣扬这些课程广泛的社会价值和职业价值。除了在精英教育机构和通识文科学院以外,其他所有的高校中的人文学科都受到很大压力,迫使他们将其道德和文化价值描述得更加清晰。正是由于人文知识市场价值的这种不确定性和波动性,导致通识教育在高等院校中的贬值。同时,大学本身平衡文理科象征性价值和交易价值的能力,实际上推动了现代大学各学科"独占的利己主义"。

对教员劳动力的激进分工可以普遍追溯到最早的美国大学,但具有里程碑意义的是 1819 年达特茅斯大学的案例,当时该校确立了理事会对学校的拥有权,并确定他们将成为独立的公司实体。以人力资本作为教育产品的观念来自于这种公司式风气,教员劳动力的分工时常被误解,有些理事或行政官员对教员的劳动生产力表现出强烈的不满和抱怨。另一方面,由于很多教员没有认识到自己的困境,他们不是力图增加其知识的公共价值,而是退守于自己的学科领域。然而,对高等教育的非学术拥有导致了经营院校过程中的基本矛盾。经营教育机构的人拥有物质生产工具(建筑、土地等),但没有精神生产工具,即教员。正如莱斯特·瑟罗(Lester Thurow)所指出的那样,除非我们决定回到奴隶制的日子,人力资本的关键正是在于它不能被拥有。只要知识生产不仅是散布信息,而且是要教与学,这种自相矛盾就会一直存在——只要大学作为公司而存在,这个矛盾就不会消失,这是高等教育中的基本矛盾。尽管这一矛盾看上去总是威胁着学术自由,但实际上却有利于维持学术自由的活力。如果为了有利于知识的标准化和纯粹的效率而丧失这种矛盾,只会将所有的大学都变成文凭和证书制造厂。如果想让大学和证书制造厂有什么区别的话,我们就需要保持那些教学人员——他们靠思考、教学和研究为生——和那些在大学工作或为大学工作的人之间的劳动力分工,以此来确保这类行为能带来充足的财务回报。

但是如果能找到一种合理的劳动分工的方法,学会将大学工作中最主要组成部分——管理和教学——更有生机地结合起来,情况会变得更好一些。因此,哈维对金钱的评述可以在当今社会自由解释。他说,知识能够

> 将政治和经济溶入具有不可抵抗的权力关系的真正的政治经济中……,在市场资本主义范围内,**知识**通用的物质语言,为将各方在同样的市场估价体系中连接起来,以便通过社会联系的具有客观基础的系统来实现社会生活的再生产,提供了全球性的基础。然而在这些宽泛的限定之内我们是"自由的",和过去一样,可以用自己的方式发展自己的个性和关系,发展自己的"差异性",**和自己的学科兴趣……因为知识是**"伟大的平等主义者和愤世嫉俗者",还是伟大的"民主主义者"。**知识**准确地通过其容量成为一体,来调和个人主义、差异性及超常的社会分裂。

然而,通过将知识组织进各个学科,让人即刻感觉到强烈的分裂而

不是统一。人们感觉到这个职业本身无法通过我们做事的方法获得成功。一篇发表在《纽约时报》(1997 年 6 月 29 日)中的社论做了如下评述：

任期制的教授严重地受到轻视，以致每个人都能随意丑化他们。但当国家将视线转向隐居在校园里的那些靠做一些轻松的工作谋生的大学教师们时，发现任期制实际上是在自愿消亡。来自美国教育部和美国大学教授协会的数据显示，美国 120 万大学教师中只有 25% 是任期制的，这一比例小得令人惊讶，并且还在进一步减少。另外，目前没有任期的全职教员中，只有 40% 符合条件申请任期，而 20 年前这一比例为 60%。大部分大学教师只能维持兼职工作。兼职教师在四年制教员中有几乎一半，在两年制教员中占 65%。

大部分教师都相当于校园里的季节工人，在他们工作的学校中根本没有任何利益。他们教授每一门课程大约能挣到 1500 美元，没有福利也没有退休金。面对这种吝啬的报酬，他们中很多人同时做几份工作，整个星期从一个校园赶往另一个校园。这使得他们几乎没有时间参加教员会议，不能细心阅读学生作业，或者开展甚至中等学校也想当然地认为应该具备的一对一学生接触。《高等教育年鉴》最近称辅助教员是“看不见的教员”，他们站在校园生活的边缘，钟声一响就消失。没有多少行业能在这样一支雾化的劳动队伍下繁荣兴旺。从近期的文章和投诉来判断，由辅助性劳动力主导的大学正受到挑战。

但只要大学教师被习惯性地看做公司式的市场条件下的成员，而不考虑大学中劳动力分工的深层重要性，董事会就仍然会为自己身处制造知识资本的行业却不拥有生产工具而感到失望。另一方面，教员将继续为自己在一个合法成立的公司里工作，并且作为劳动密集型生产过程的中心，但他们会经常因为得到的尊重和报酬太少而感到失望。他们处在确保产品质量控制的位置，决定着学生能否拿到吃香的文凭。

然而他们几乎无权在那个过程的预算环境下决定自己的命运,或是决定这个由他们构成主要资产的公司的未来。因此,他们坚持任期制的合法性就不足为奇,并且放弃任期制会是极大的愚蠢之举。拥有一些权力并且忍受分裂意识的知识工作者,总比什么都没有好。

不仅如此,如果问题必须归结到成本,那么教员的成本实际上对公众来说是廉价交易,对其职业是一种耻辱。如今的经济中再没有另外一种高度培训过的专业人士,会在如此低廉的全国平均报酬率水平下工作,并且提供具有如此社会影响力的强化培训和专业性服务。然而,我们经常听到教员工资是教育预算的主要压力,平均占大学开支的约30%。80年代,随着提倡更多的普通教育,大学费用大大增加,用于跨学科和多元文化项目和小班授课,都因使用助教而受到怀疑。很多学校不增加教员人数,就无法应对这些挑战。有些学校将教员重新部署,实施课程改革去迎合学生的实际需求,这种做法至今仍在大部分大学中进行。但鉴于现有的教育理念要求学生以一个具体科目为专业,教员能真正被重新部署的唯一途径,是将其学科教学的责任转移到普通教育中,即便这样也不能确保人数的减少。

课程改革在其他方面也受到经济的冲击。越来越多的大学意识到教员开发项目的重要性。给教员提供用来课程创新的闲暇时间和额外的经费是常事,最终会使学生受益。然而,这对大学来说是昂贵的,也没能更令人愉快,因为上年纪的教员无法轻易地被新人取代。教员70岁退休的强制性规定已被联邦法律废除,法庭仍将任期制作为一种神圣权力,除非是在极端财务危机的情况下才能改变。因此教员们待在课堂中和实验室里的时间更长。

毫不奇怪,许多管理委员会和校长们认为任期制是学术社会的首要问题,在很大程度上是因为经济和政治方面的原因。他们的想法经常是这样的:如果每所大学都能只留下有生产力的教员——意即有声望的好教师和好的研究人员,那么学校就可以根据资源最佳配置原理来安排课程。这样,这些好的教员可以得到更多的收入,对自我的感觉也会更好。学校可以通过定期检查来保持生产力,如果哪个教师表现不佳,就直接予以除名。这样一来,教师职业就会被大大强化,也会变得更有竞争力。

如果真有可能根据教学和研究保留最有生产力的教员,并且能够理性地衡量这种生产力,那么就有机会让大学拥有更高的标准和更好的声誉。但这样做不一定会产生效益,并且存在着如何决定谁是最好的教员的担忧。教学是一种有名的凭印象判断的行为(即便是由学生判断),同样研究的价值也很难确定。例如,谁能决定英语系里现代文学理论应该比中世纪的研究更有特权呢?或者谁能说生物学的工作比物理学更有特权?或者说化学研究领域的某个很小的贡献在今后也不会被证明是非常重要的呢?

问题的要点在于,几百年来,大学对社会有所贡献仅仅是因为教授们有将自己分组配置的自由,这样才能最好地帮助自己追求知识,最好地服务于教学。因此,比方说,如果从某些方面看,外语系显然和英语系有共通之处,或是相反,那么两个系可能会形成活跃的联系并实现效率。但分部门和分学科结构的整体原则,加之教员在其部门内部的聘用权,以及任期制教员开展他们想要开展的研究的权力,都被教员们视为神圣的职责,这一点是可以理解的。正如我一直在论证的,这不是说教员们不应该负责将他们的才能结合起来,让彼此比现在更有生产力,特别是为了改善知识开发和学生学习机会的目的,也不是说教员不应该在学科间发现并建立更具协同作用的关系。恰恰因为这个原因,教员文化在很多学校里都亟需重新组织和鼓励。但各系任期制的基本原则,却既保留了思想和言论的自由,又保留了对知识根基的定义和维护。教员的理解是,对任期制的攻击不仅是对教员的攻击,也是对知识本身作为学科概念的攻击。我一直认为,任何改变任期制的原因都需要大量的解释,这与市场无关,而是处处与我们如何评估知识有关。

现代大学里的公司主义和教员生活

历史学家迈克尔·卡茨(Michael B. Katz)用与我的论述中非常接近的术语解释了高等教育目前的情形:

> 市场力量和高等教育……之间的矛盾,重复着一场旧的战斗。若干世纪以来,教员们争论说大学应该是学者们自我管理的社会,并试图拒绝教堂和国家的拉拢,这些拉拢都在寻求正统派学说的谆谆教诲和对忠实仆人的培训。然而19世纪自由经济的统治地位重塑了高等教育中古老的矛盾。因为自由经济用市场中非个人的需求替代了教堂或皇室的强制性权威。在为全社会服务和适合现代生活的大旗下,一些大学改革者们试图将供需原则应用到经济机构的评价中。[6]

本世纪初自由资本主义的兴起及其对高等教育机构的光顾,为高等教育带来了社会使命,迫使美国的高校不得不应对将资本的诱惑解释为共同利益,以及将知识解释为象征性利益所带来的挑战。从哲学上看,我一直在说,很大程度上是通过对两种利益说法的混淆,而使高等教育呈现出某种不足。若不是为了杜威哲学实用主义观点的发展,它可能还会更加丧失其理论性,对此我将在第六章进一步探讨。

然而高等教育始终知道更高的权力——从上帝到财神——以及20世纪占统治地位的学术机构模式,都明白它是一个独立的企业(即便是在国有体系内部)。“企业唯意志论”在20世纪初几乎没有异议地占据领导地位,只是因为国家对高等教育不承担责任。卡茨指出,“单一机构的行为”按照其状态被定义为“由为使其长久存在而设立的理事会运营的单独的企业,完全通过捐赠款或通过捐赠和学费相结合来维持(有时得到国家的帮助)”。[7]这正是达特茅斯决议中所要求的。随后便有了成长中的市场思维方式和高等教育社会使命的协调配合。通过采取部门管理结构集结那些为今天的大企业组织做很多预先准备的部门。卡茨指出,大学变成了“由官僚机构组成的联盟,被嫁接到早先的公司唯意志论结构上”。正是一所所现代大学的官僚化——主要是为了处理知识组合的大量传播——使这些机构向我们今天看到的强大的公司化影响敞开了大门。卡茨引用了教育史家劳伦斯·维塞(Laurence Veysey)的观点:“官僚体制的行政管理是一种结构性策略,使得机构王国建立的新纪元无须求助于具体的价值观就成为可能。因此一旦统一的目的分裂,标准化操作方式的统一性便形成了……失去了清楚的目的感,世纪初的大学代表冒着危险,随意甚至是无意识地接受了其更大量、更有影响力的同行(即商业和工业领导人)的主导性行为准则。”[8]

在这个历史时刻,由于公司式管理策略走上前来,同时大学的使命开始同时拖入几个不同的方向,理事们承担了他们今天所拥有的统治地位。对教员不平等支付的政策被制定出来,教员变成了雇员,在某些著名的案例中,教员因为他们的观点而被草率地解雇。正如卡茨说明的那样,教员的劳动力被“转变成一种商品,其价格由其在新舞台——学术市场上的价值决定”。高等教育和资本主义携起手来,而带有讽刺意味的正是这些大学采取的主动行为:

> 那些最主要大学的转变象征着资本历史上的一个新纪元。以一种戏剧性的新方法,知识(先进的技术和管理知识)成为许多主导经济和社会生活的新公司和新官僚机构取得进步的基本资源。科学和技术,生产和管理,协调和营销,所有这些都需要专家和专业知识。直到19世纪末,大部分专家和专业知识都是在大学以外被制造出来的。大学则通过掌握制造专家和专业知识的过程,将更新的知识的实际生产从外部转到其内部,只遇到很小的阻力就成功地上演了资本主义历史上一出伟大的变革。这是因为大学的崇高利益和专业人员的个人利益恰好能相互补充,一起使大学发放的文凭成为职业专长的标记。大学由此成为由先进技术管理的社会的守门人。[9]

以上卡茨关于大学为什么在遇到很小的挑战就迅速走向公司化的解释,可能过分单一地关注了新兴技术科学的重要性。新兴技术科学的确发挥了巨大能量,但新的市场经济的发展,对社会和民主使命的重视,以及越来越多的人认识到通识教育比必需的教育更奢华,也同样起到了推波助澜的作用。职业教育的重要性不可避免地使得通识教育无法独自牢固掌握高等教育,尽管它在过去和现在都一直受到了人们的重视。进而,自1915年以来,教师们确实通过美国大学教授协会赢得了任期制和学术自由的权力,但正如我一直想论证的那样,这些只是针对大学完全企业化的最后防线。更重要的事实是,知识和资本之间具有如此有力的联系,同时劳动力的分工继续将教员们置于如此矛盾的境地。

当然,教职员在本世纪不同时期所进行的力量动员,包括宣传任期制权力,发动文化战争,以及对近期政治家和董事会攻击的抵抗等,最多也不过是制造了一些僵局。可叹的是,教职员最有成效的抵御也好像是要维持僵局的存在。也许他们可以保持住自己的学术权力,但其工作却被公然地标准化了。即使是坚持普通教育人文根基的高尚努力——从1915年的哥伦比亚大学的当代文明教程到80年代欧内斯特·博伊尔(Ernest Boyer)对新生核心教育的呼吁——也没有形成普通教育持久稳固的理论,并赋予知识超越其社会使命的核心价值。60年代的学生反抗可能重新定义了其关联性,但市场又重新将它限定回经济根源。正如卡茨所说的那样,“教职员意识到了只有顺应经济、社会、技术或其他强大力量的‘需求’,大学才能不断成长。一种具体化的规则推动着高等教育的历史,并一直严密地压制着其他选择的可能性。大学的这种特性变得不可避免,同时其合法性依赖于他们为自己不能控制的强大力量所提供的服务”。[10]

然而我们一定不能忘记,高校的文化在核心上就是矛盾的,很大程度上是因为教员和学者不仅和大学里日益成长的公司力量处于不稳定的联盟之中,而且和他们自己制造的知识也处于不稳定的联盟之中。政治科学家克莱德·巴罗(Clyde Barrow)关于资本主义力量能够践踏学者自由思考动机的说法可能是错误的。当然如果教员失去任期制和学术自由的权力,他的说法就可能会被证明是正确的。但人们很容易承认,巴罗对把教员塑造成知识工作者阶级的那种资本主义和高校之间强大联系的分析是恰当的,其分析证实了其他历史学家如维塞和卡茨的发现。正如巴罗所言:

> 改良运动年代(1894—1928)开始出现的教育过程和冲突仍然重要,因为这个阶段建立了塑造当代美国大学实际阶级意识的基本机构轮廓……美国学者现在用以了解自己的体制化自我形象本身在历史上是这个阶段偶发的政治通融,这种通融作为知识分子错误意识的一种形式,在当代的社会理论中得以发扬……毕竟,知识分子、资本主义以及国家之间不稳定的妥协状态,长期以来一直被称为"知识分子的问题"。因此,目前的教育危机一部分是知识分子能否实现其历史使命的问题……除了个别场合,试图通过工人阶层间的联盟来拒绝公司化理想的想法未能实现。大多数知识分子选择通过接受大学生活的新组织结构,换取有限的程序上的个人安全保障,其中并不包括学术自由,以此来磋商与商业利益和国家间一种机会主义的历史通融。[11]

具有讽刺意味的是,正是教员们寻求的那种"与商业利益和国家间机会主义的历史通融",能够使大学继续存在,至少使教员继续存在,但同样也牺牲了对象征性知识的追求。进而,我们近来看到的知识分子们,包括助理讲师和研究生助教对联盟领导的追捧,正是出于试图"通过工人阶层的联盟来拒绝公司化理想"。问题在于美国非任期制轨道内的讲师没有其他选择能在市场中得以生存。

异化和意识形态

教员异化程度的普遍化需要得到调节,至少在艺术、人文学科和社会科学以外需要调节。其中一个原因是，很多教员的确享受到了他们作为学术界企业之星的新状态，并且作为顾问获得的收益不俗。很多人乐于教学，并且被聪明、反应迅速的学生所鼓舞。但更重要的是能在课堂中分享文化，企业式管理的象征形式——媒体、娱乐、商品、旅行及全球化——大量流通，主导了价值观、经验，以及教员、学生和普通公众间互动的模式。

正如约翰·汤普森指出的那样，“使用了意识形态概念的当代理论家们未能恰当地处理大众传播的本质和发展，及其在现代社会中作为意识形态媒介的作用。在某些情形下，这是因为意识形态的概念是关注与现代工业社会兴起相关联的文化转型的重要理论叙述中的一部分”。[12]对于重要理论叙述的需求和对于乌托邦体系的需求，现在都变得非常可疑，不是因为人类在本质上就是不完美的，而是因为对扭曲的人类品质没有矫正，正如以赛亚·伯林追随康德的理论所指出的那样。

然而，这一重要理论对卡茨和巴罗对公司化的批评给予暗中的支持，即认为思想比一切都重要，并能改变世界。这一观点在某种程度上支持了通识教育。然而我们必须对此提出质疑，也要质疑资本主义意识形态存在的时间是否足够长，足够使之成为明确的目标，其权力结构是否总是压制性的。例如，本世纪现代大学的兴起，受到了和支持资本主义兴起的动机相同的信念的推动，即受科学和技术鼓舞的、后启蒙运动时代的现代乌托邦信念。但今天现代主义者关于民主资本主义的神话已经自我拆解到媒介文化甚至学术界颇有成果的学科间联络中去了，具体表现为小心讨好消费者需求和对大众电子通讯的激进推动。例如，经济学极端唯理论学科多年的发展和芝加哥大学的多项诺贝尔奖，讽刺性地同时象征了我们试图了解市场力量的成功和失败。当代文化只有一种重要理论要支持，那就是根本没有单一的理论，只有通讯模式、市场趋势及其所传达的价值观的无尽变化。

大学倾向于通过尽力加强自身的力量，在可能的时候改变自己以迎合社会需求，以便能像其他文化机构那样在这个世界发挥作用。因此教员文化已经发生改变而且可能继续改变，因为它已被资本主义后期的通信系统所侵袭。公司追求利润的推动力,即便在最委婉地声称非营利的社会机构中也格外强大,消费主义需求的文化及其竞争风气同样如此。但我在这里要重申一遍,正如汤普森所指出的那样,这个世界受到独特的阶级意识形态的支持较少,受到欲望的矛盾象征主义和从大众传媒系统中获得的满意的支持较多。我说过,当代大学中知识的含义在很大程度上受到日常市场文化象征性体系的调和和塑造。在公众眼中,大学是信息的集中地,而不是学科的集中地,学生进入大学并不是带着对某一个专业的强烈需求,而是为了受到普遍的教育。为了利润和社会福利制造知识,并以具有高度吸引力的方式将知识打包,也使大学在公司式大众文化的世界里更接近符号式的高科技安排方式。因此,我们的挑战是了解各学科的象征性知识将如何与我们希望学生能在这个多重媒介的世界里**制造**的意义相联系,而不仅仅是让它存在于大学中。简言之,当代大学只有被同化并成为知识的社会力量试验场,知识才能成为力量。而同时,这种社会权力的定义一定不仅仅是一张强有力的文凭。

因为我们必须强调,与巴罗的论点相反,公司主义并不单纯是一种商业阶层的行为。通过媒介化,它现在已经深深地渗透到了日常生活的每个方面,也不可避免地追随着我们服务于社会的使命渗透到学术生活中。当然学院的各学科对自己的组织形式仍然具有深入而专业的兴趣。但这种专业主义也主导了大学教师对分权管理的强烈欲望,不仅是对学院的财务感兴趣,而且对其知识的组织也不放过。各部门经常退回到原来的状态,制造更小的校内之校,表面上出现了彼此更密切的配合,也形成了负责针对其他学科的自我保护的联盟,但本科教育的重要性——要求各学科具有紧密的合作形式——越来越多地对这种情况提出挑战。具有讽刺意味的是,专业主义为知识建立了一种选择,即能将我们带回到大学历史上各学科不是特别专业化的时代,也就是把知识看做是一种**能利用手中现有的工具来生产的东西**的时代。对学习的兴奋在数字时代再次成为对任何来源信息的收集,成为一种掩饰学科通路单一性的过程。

文化矛盾和“自由焦虑”

我一直在暗示的是,大学的文化矛盾实际是自由资本主义民主本身文化矛盾的征兆。我的论点是大学变成了这个问题的一部分,而不是有效地调解问题。而带有讽刺意味的是,当代高等教育的不满正是来自大学一直被其多元使命的各个方面所分裂这个事实:即研究、通识教育、为社会服务,以及为经济服务。而深层的劳动力分配及将知识作为力量的复杂性也支持了这一观点。

另一方面,如果我们同意丹尼尔·贝尔对资本主义文化矛盾的分析,大学可能会被认为在调和上是成功的。对贝尔来说,问题在于如何“能让人洞悉社会矛盾的结构性根源,即官僚政治和分等级社会结构(主要是技术型经济)以及形式上相信平等和参与的政治组织之间的矛盾,基本按照角色和专业来组织的社会结构和关注自身和‘完整的’人的提高和完善的文化之间的矛盾。在这些矛盾中,人能察觉到很多潜在的社会冲突,在意识形态上表达为异化、人格解体,以及对权威及类似物的攻击”。[13]在别处,贝尔用了“文化矛盾”这个词去解释“禁欲主义和贪婪之间的矛盾”、“中产阶级社会和现代主义之间的矛盾”,以及“法律和道德的分离”。[14]

当代资本主义的美国大学造成了比贝尔所指定的更多的异化的原因。但如果我们像贝尔那样,将资本主义的矛盾看成是一系列实际上推动了而不是阻止了资本主义发展的力量,那么大学在为公众缓解现代主义(modernism)的问题方面就取得了成功。除了诸如教授职业课程、提供大量开发经济所需要的新知识等明显的行为之外,大学还一直偏向于将现代主义宣传为技术创新。它支持了自由民主的社会科学,将注意力集中在调和或根除有问题行为的方法上,而不是通过任何社会环境争辩原因。它发展了现代主义乌托邦式的文化价值观以使其更中产阶级化,并在无数的学生生活课目中形成了专业化和完整的人之间的联系。它甚至认定自己可以教授有道德的行为。现代美国大学系统在国内外具有强大的影响力,就是这种成功的明证,很少有人会怀疑这一点。美国大学通过提供自由资本主义所需要的知识,通过为这种社会提供教育,以及巧妙地消除体系中的深层分歧,真正地使自由资本主义成为可能。当然,有人会说,大学这么做时没有基于极端的或意识形态的批判,没有支持充足的批评。它为重新建立道德与法律以及商业实践之间的联系付出了特别的努力,并且对美国社会的多元文化本质坦率直言。

但这些是有代价的:教育的退步是对大学中构成现代性的学科教育以及现代性本身的一种批判性反应,特别是艺术和人文学科。就是说,大学在发展公众理念方面并不总是培养自己的强大作用。它并没有像自己可能的那样致力于为本科教育的知识拓展出详尽的描述,正如克里弗德·格尔兹(Clifford Geertz)所说的那样,去养育思维的生命,因为过度简化思维是一件很可怕的事。取而代之的是,大学的发展很大程度上是在研究和职业教育领域,后者更在本科教育中占据了可观的空间。1994—1995 年,美国共授予 234,323 个商科学士学位,13,775 个外语及文学学位,这个比例到 1997—1998 年也没有很大变化。这就提出了我们如何在跨文化理解的基础上为备受夸耀的全球化经济教育人才的问题。[15]

然而,最强大的焦虑根源可能正是在于,自由哲学中的高等教育社会议程,并不能轻易解决高等教育的矛盾。正如牛津大学新学院学监艾伦·瑞安(Alan Ryan)近期在检验美国的"自由主义的焦虑和通识教育"时所说的那样:

> 自由主义者们……更倾向于将语言和地域的不同看做是应该克服的障碍,而不是把它们作为理解和快乐的界限。即便是对那些最强调能够依附的"小团体"重要性的自由主义者,也持有这样的态度。大部分自由主义者相信——即便他们某种程度上只是羞愧地承认——经济和科学现代化的过程会让所有的社会认可同一

> 种自由、平等、世俗化的政治和文化观点，以及教育观点，而且可以假定自由社会的当地呈现方式会保护其居民的忠诚和情感。无须赘言，任何人，在20世纪恐怖的齿缝间，面对着西方以及其他地方宗教原教旨主义的苏醒，面对把对进步的信心当做愚昧的保守传统的活跃，他们肯定会因焦虑而冲淡希望——但他们也应该用希望来缓解焦虑。[16]

我们必须比希望或焦虑做得更好。我们必须将批判的方法改为不单是检验大学如何塑造公民的政治观，而且检验高校的矛盾会如何为知识和知识工作者双方造成不稳定的身份。毕竟，公众道德争论不是要靠党派政治来解决，而是要通过有说服力的分析来解决，说明高等教育是怎样努力通过公众哲学的力量来促成社会的统一。简言之，这是一个必须由高校自身带着对其行政体系的认真理解和配合来解决的问题。简单地让事情本着自由主义者的思想继续发展，或者带着同样的动机四处捏住课程安排不放，都不可能避开下面的问题：本科教育和研究生教育士气消沉，关键性知识声名狼藉。

这样一种批评性的分析不可回避地是带有政治性的。但通识教育本身确实需要有这样一个批评性分析的过程，而不是艾伦·瑞安正确地批评的自由主义的快感。民主的不满是不可避免的，因为民主政治容忍差异和市场文化。但需要面对的一个问题便是个人独立的理想受到了宪法的约束。正如迈克尔·桑德尔（Michael Sandel）所指出的那样，我们起支配作用的公众哲学是自由主义的，不是因为人们今天重视参与政府工作，而是因为他们期望政府是中立的，并且“不在法律中对美好生活做出任何解释或定义”。[17]我们喜欢的唯一一种自由哲学是完全放任的，并且肯定已成为通识教育的政治。

我们在高等教育中应该与“通识教育”形成更多元化的关系，这种关系不会轻易容忍中立或者固执己见。我们非常需要学术活动在文化调和（cultural mediation）中所起的恢复元气的作用，因为这是跨学科教育和民主教育中一种新鲜的手段，对此我还将在本书结论一章中进一步论证。绝对的中立并不是学术机构本来的立场，因为知识的本质具有很大的争议,而争论是所有学术话语首要的修辞方式。我们在美国大学里努力保持中立和同僚平等的立场,以便不冒犯同行,并且不惜一切代价支持市场,使结果中的差异变得模糊不清。如果大学能够尝试少适应文化冲突,并且不会因主张过多而是因过少而受到谴责的话,情况会变得更好。

第五章

通识教育的理想

在本书后三章里,我想探讨一下通识教育,主要是批评的、民主的通识教育。我这样做的挑战不是因为来自市场的压力,因为先进知识的开放原理同高等教育市场和商业知识经济并不矛盾。而市场本身既不批评,也不民主。但通识教育依然是每个大学所关注的问题,因为很少大学愿意完全放弃各种与资本主义教育有连带关系的办学理念。市场并不给那些坚持原则的人以任何奖励,但我们至少可以寻找一个大学的办学理念,使之有利于我们的民主教育,并且能够结合各种传统教育思想,比如认知合理性,社会责任感,以及与自由资本主义权力政治相结合的种种文化价值。美国大学在其现代历史中从来没有一个将这些因素广泛地统一起来的理想,尽管如我们所见,在过去的一个世纪里,通识教育、职业教育、社会教育和以研究为基础的教育已经结成一个松散的联盟,共同为经济建设服务。

约翰·杜威认为,哲学永远是教育的哲学。他指出,这不仅仅是理想主义的主观愿望,而且是一种深层的客观需要,因为学习和理解是人生重要的内容。本章探讨通识教育的历史沿革,正是为了探讨大学的社会使命和教学任务。肯定有人会问,坚持把民主教育作为起点是不是代价太大了呢?我认为美国高等教育的主体文化就应该坚持这样的起点,因为表面上看起来,美国大学对广泛的社会使命和各种平等主义理想基本上没有异议,而且美国大学体系的形成本身就是自由经济发展和坚持民主的必然结果。在美国的大学里,重商主义确实经常占上风,学生的渴望往往因成本的因素而打折,学校在学术和管理方面的分工不合理和责任不明确经常导致效率低下和教职员关系的疏远。大学里的官僚机构不断受到攻击,但具有持久说服力并能支配大学使命的学术理想却难以形成,使得现代大学的社会理想主义仅仅成为一项社会工程。因而,探讨能够协调学术人员和管理人员之关系的通识教学就成为一项基本的任务和非常诱人的工作。

古典文化遗产

关于通识教育的论争自公元前 4 世纪就已经开始并且一直持续不断。古希腊哲学家苏格拉底(约公元前 469—公元前 399 年)反对诡辩家主张的道德相对主义和雄辩家主张的夸张手法。他强调指出,稳定的真理和知识的原理是可以通过受教育的人来发现的。这一形而上学的观点被古希腊时期的 4 所主要学园所接受,并且影响长达 9 个世纪。

古希腊时期的第一所学园是柏拉图学园(约公元前 428—公元前 348 年),教授的课程有形而上学研究、数学和辩证法。该学院确立的教育使命是将哲学作为指导个人和国家行为的知识,尽管不是通过我们今天所说的民主原则。亚里士多德(公元前 384/3—公元前 322 年)在柏拉图学园教学约 20 年后,建立了自己的学园,也是当时第二所主要的学园,开设的课程有逻辑、道德、生物、物理、政治和修辞。比较而言,该学园倾向于将更多的自然科学作为教学内容。

亚里士多德学派提出的反相对主义思想影响深远,可以说一直延续到现在,成为最有影响力的哲学体系,其中包括道德规范、认识论、现实自然、逻辑和语言的关系,以及解释的实践等形而上学手段。对于亚里士多德学派来说,高等教育中的真理依然是逻辑的可能性。真正的美德不仅是做好事,而且是要做好人。做好人并不容易,只有通过认真学习,了解和认识到什么是善才能实现。仅靠简单的技术训练还不能掌握道德技艺。一个人做好事不只是刻意的选择,而是本能的反应,这种感觉只有通过健全的理论教育才能获得。幸福不仅体现在占有财富上,还要体现在明白事理上。活得好首先要受到良好的教养。简言之,亚里士多德关于通识教育的理论是最早的,对好多人来说也是最有力的理论。这一点得到了约翰·亨利·纽曼的认同。亚里士多德认为,高等教育首先是陶冶学生的性情和提升其自身的价值,不是只追求外在的有利结果。

古希腊的第三个主要学园也有不少关于通识教育的论述。斯多葛学派是由芝诺(公元前334年—公元前262年)创立的,主要推动者有克吕西波(约公元前280年—公元前206年)。到了罗马时代,又由西塞罗(公元前106年—公元前43年)、塞涅卡(公元前4年—公元65年)、伊比克底特斯(约公元55年—135年)和马可·奥勒留皇帝(公元121年—180年)继承并发扬光大。该学派强调建立通识教育的道德本质,主张以形而上学为基础的反相对主义教育哲学,同样也强调通过训练获得最佳教学效果。训练的具体做法是,从一开始就充分发挥直觉和感觉的作用,然后再通过辩证法、修辞、逻辑、语法、诗歌和音乐练习等使认识得到提高。斯多葛学派的主张和亚里士多德一样,都是为了获得一个可解释的结果。斯多葛学派相信,只要找到原因就能得出结果,并能发现真正反映神圣的内在世界的结构,或获得与神同一的“道”(logos)。在实践中,斯多葛主义承认科学进步的影响力(特别是文艺复兴和现代科学的发展),强调严格的智力培训会使人获得纯理性的世界观,从而避免感情冲动,不再固执己见。但该学派坚持宿命论的宇宙观,认为人类的一切活动都是上天所决定的。

古希腊第四个主要的哲学教育学园是在犹太人世界(Hellenist),比较而言,该派较能够容忍相对主义,其观点大概最接近我们现代文科和理科的主流思想。其观点之所以能被接受,是因为我们现有的理论本身带有相对性、不确定性。伊比鸠鲁(公元前341—公元前271年)创办的男女混合学园承认男女在受教育方面的平等地位。伊比鸠鲁的哲学后来在罗马卢克莱修(公元前99年或公元前94年—公元前55年)的《物性论》中被广为传播。该学派的理论承认感觉和神秘性,但并不坚持逻辑第一的原则。他们认为,空间就是空的,而不是依赖于内在的神性;世界是由原子组成的,并且处于永恒的运动中;神性只是人类理想化的产物,地狱也是凭想象创造出来的。该学派的观点是凭感觉和与众不同的观点建立起来的,他们以逆向思维解释世界的运行,这样就导致其对世界运动方式的各种解释不可避免地相互矛盾。在道德方面,他们把个人感受好坏作为判断是非的标准,认为追求感觉好是每个人的目标,个人愉悦同善良的品德是紧密联系的,是自由意愿的具体体现,不仅是靠对身体的刺激来感觉,还要经过大脑的提炼。伊比鸠鲁学说不只是纯粹的享乐主义,教育的最终目的也不仅是为了证明某些或所有行为的正当性。他们主张,人的身体应当被训练到能够满足于简单的生活需要,而灵魂要通过学习物理学而不是神学得到升华,思想则要通过认真的辩论得到磨练。

以上是对从古希腊到中世纪罗马帝国兴起这一历史阶段有关高等教育主要意识形态的简单描述。这样的描述当然过于简单化。但我的观点也很简单:几乎所有评价学习的古典理论——从强调理性到强调政治教育再到强调美学教育——都是在这段可圈可点的教育理想主义时期实验的。现在回过头来看现存的教育问题,我们发现,许多困扰我们的问题,像知识的象征价值和交换(带有修辞色彩的)价值之间的矛盾,早在古希腊时期就已经存在了。我们现在进行的各种文化论战,无论是讲真理(truth telling)和解构之间的论争,还是首要原则和相对主义之间的论战,或者正统文化和特殊文化之间的争论,也都是自古就有的。他们都不可避免地产生于对知识本质的沉思。对于那些如路德维希·维特根斯坦(Ludwig Wittgenstein)那样,更多地将语言作为哲学媒介和最终结果的人来说,凭常识就能说出,所有的哲学都能够描述为语言问题。但在教育理念形成发展的历史中,依然存在着基础教育和多元教育之间的论争,或者说是传统保守派和改革派之间的论争,因为我们大部分人都比较愿意相信,我们的经验不仅简单地局限于我们描述这些经验所用的词汇。

然而,考虑到两千多年前人们用来解释知识的意识形态的微妙之处,就好像大脑总是需要从简单的印痕开始并经过漫长的历史沉淀,那么我们在今天本科课程里面就会丧失一些被哲学腐蚀掉的东西。即使在初级阶段,我们依然要应对一些棘手的问题,比如我们如何认识事物,追求真理是否有意义。古代自然教育的艺术就是这些东西,尽管我们强调思想批评,但我们多数人都不认为高等教育仅仅是理解大脑认知方式的学习。

这一点对古希腊人来讲也不例外。古希腊人的教育哲学中也并不是仅仅停留于认识论,也表现出了实践和政治的兴趣。形而上学很快就发展成为修辞策略,存在的问题很快就和劝说结合在了一起。课程指导的重任后来被无数注重雄辩的修辞学校所承担,而不是由已经建立的哲学学园承担。古人在选择学业时,大部分选择雄辩术,而不选择形而上学。古希腊留给罗马时代的主要遗产便是将修辞更多地作为雄辩技巧,而不是作为哲学技巧。文科在罗马时期正式成为一种学业,具体科目都是为那些不是奴隶的自由人开设的。虽然我们可以看到,这些学科更强调更好地为国家服务而不是培养好奇心和想象力。罗马教育是通识教育的开始,后与职业目的、国家主义目的和教育政治统治阶级的目的相融合。不管我们为亚里士多德和培养哲学头脑的重要性说多少好话,我们确实是罗马权力教育传统的继承者。

在教授知识方面,当代学院的政治中确实很少有新的东西。除了纽曼试图复兴亚里士多德学派那段时间外,学习成果的取得都同明确的学习动机有关,而不是学习本身的乐趣所致。而且带有讽刺意味的是,在纽曼提出其大学教育的观点之前,我们从未发现任何对所谓无私学习的“最纯洁”的定义,传授知识很少是为了知识本身的需要。英国的大学曾经有过对美学和文学教育的兴趣,但相对来说是短命的。随着19世纪末职业学术科目的增加,理论化教育很少有广泛传播的机会,甚至连生存的机会都没有,很快就被文科学院掩没了,尤其是在把文学文化作为通识教育意识形态核心的英语系。简言之,通识学习的知识几百年来一直存在着为了获得实用的成果和为了学习而学习之间的矛盾。

关于通识劝说

关于古代的说服技能和批评性思维技能之间的论战,布鲁斯·金布尔(Bruce Kimball)用另一种方式作了戏剧性的介绍。他把通识教育的各种观点描述为从公元前4世纪就开始的“长期混乱的辩论”,其中“希腊语logos的两个语义分支被用来解释文明的本质和文明人的本质”。他说:

> 演说家和修辞学者支持其中一个分支,他们强调语法、修辞艺术和写作、传达和分析演说的技能。这些技能在民主的城市国家或共和国极为重要,因为在政治和司法集会中,各种问题都要靠说服工作来决定。支持另一个分支的人认为,修辞只是反映logos影子的一个很不严密的实用工具。这些人包括柏拉图(公元前427年—公元前347年)和亚里士多德(公元前384年—公元前322年),他们试图寻找追求知识精确性和合理性的方法,将数学和三段论逻辑艺术作为传达logos的基本方法。[1]

到现在我们也不能说以科学的名义进行的认知理性和通识学科中习以为常的辩论修辞策略之间的矛盾已经消失。有人也许会说,哲学家已经输给了演说家,也就是现在的政客、公关专家、竞选顾问(spin doctor)、广告撰写人、说客,以及我们“最有效率的人”的习惯推动者。另一方面,罗马人虽然把讲演术作为修辞的中心,但至少还强调对历史和文学的尊重。金布尔说:“罗马人,作为建设者、律师和一个正在出现的帝国的管理者,他们对当时的教育理论表现出了最大的同情。这一理论强调公共表达、政治和法律演说，强调按照描述以往高贵情操和有序社会的文学进行普通培训和伦理培训。”[2]

人们认为，文学不仅具有人文主义的影响，而且还在描述和语法修辞方面体现出独到之处。文学为社会和政治的目的而存在，其作用恰恰在于通过其美学效果、令人信服的论证以及提升道德层次的历史解说，来传递出强大的说服力。文学具有表演性，其强有力的概念从文艺复兴一直到现在通过古典名著流传下来。所以，以学习文学作品为基础的通识教育，早在我们的时代之前就已经和社会授权和美学教育有了紧密的结合。

罗马的通识教育课程中，除了文学和语言训练外，还有数学、天文学、逻辑和辩证法，以及最为重要的说服艺术：修辞。这些科目就是罗马时期的文科课程。这种知识组织结构后来被重视异教徒文科重要性的基督教学者们所采用。语法、逻辑、修辞、算术、几何、音乐和天文等7种文科课程，在整个中世纪西欧基督教教育中占有支配地位，尽管如金布尔所指出的那样，“专门化和高级的学习并没有受到基督徒的鼓励，甚至还被批评为导致自我放任”。

但在12世纪和13世纪，像托马斯·阿奎那(Thomas Aquinas)那样的学者再次推崇亚里士多德学派的逻辑学，并使之取代修辞和文学的基础地位。该学派将宗教教条《圣经》和教父的遗著放在了第一位。但在文艺复兴时期人文主义上升阶段，经院哲学家再次突出了文学的功能，尤其推崇西塞罗和其他罗马作家的作品，对语言学分析和哲学辩论的兴趣再次降低。哲学家和诗人之间的矛盾，客观理性的语言和富于说服力的隐喻语言之间的矛盾，又一次使高等教育的结构发生了深刻的变化。基督教教育致力于通过语言的修辞特征加深对权威作品的理解，因为学习语言的文学价值和学习语言的说服效果总是密切相关的。文学的重要性不仅在于其美学形式，而且还在于其作为专注于社会教育的一种道德说教。金布尔说：“这种修辞和文学的人文主义教育模式，受基督教道德规范和源于中世纪骑士传统的礼节的影响而得到扩大。人文主义、社会礼节和基督教道德规范这三种传统教学内容结合起来,共同构成了基督教教养的理想模式,成为16—17世纪的英格兰文学教育的基本形式。"[3]这种"基督教教养模式被1636年成立的哈佛学院的创办者所接受,也被随后在美洲殖民地成立的其他8所学院所认同",从而形成了专注于"修辞和语法,以及阅读、记忆和解释那些定义上帝的英联邦公民道德规范的文学和神学作品"。[4]

这种使命的宗教动机在强度上是有差异的,在17世纪中叶到19世纪中叶,英国学院的文科课程依然将希腊文和拉丁文作品中的人文主义成分作为统治阶级的道德例证,不仅是为了美学或宗教感的体验,而是致力于形成强大的政治力量和公共道德。尽管数学、历史、逻辑、神学、自然科学和道德哲学也都被放在通识教育的重要位置,但人文主义的理想依然占据着支配地位,很大程度上是因为人文主义本身就是公共权力部门的一个通用的说法。公共力量和私人力量尽管和英国皇室结盟,但这两种势力的功能仍具有某种道德的、宗教的和美学的意义。人文主义可以对此作出解释。

但是从文艺复兴到19世纪,在人文主义内部一直存在着多种矛盾(这一点在文艺复兴时期的戏剧中表现最为突出),这些矛盾表现在世界权力和个人意愿之间,思想和行动之间,语言和真理之间,以及诗歌和理论之间。现代科学的兴起对此影响不大,很大程度上是因为经验主义科学(和正在出现的社会科学)很容易适应不断成长的皇家文化的实际需要。文艺复兴的新兴力量来自于其新的发现:没有什么"道成肉身",可以为知识而知识,并且知识可以在广泛的领域内由世俗权威创造出来。正因为如此,由于语言的使用铸就道德世界并且传达真理,古典修辞艺术再次成为最重要的公共艺术。

现代敏感性和现代教育就是这样发展而来的,两者对语言如何正确塑造真理都存在着一定的困惑,这一点是可以理解的。我们今天所开设的课程在无限制的阐释游戏和对人类行为分类的理性主义社会科学两个极端之间摇摆不定。文艺复兴强调将修辞作为教育的基础,并没有把科学放在领导地位,在这样的教育中,掌握知识和应用语言在很大程度上就单独成为独立的课程而存在。自从拉米斯逻辑(Ramist logic)出现后,语言被认为是透明的,本身不具备价值,其价值必须借助辩论的力量才能体现出来。这样就再次引发了古典的关注问题,即好的修辞仅仅是诡辩的手段,还是好主张和好品德的象征。这些问题自然又使哲学在包括数学、天文学的学科建制中复兴起来,可以检查知识的象征性价值。

关于现代大学课程而展开的争论是从语言的世俗化开始的。人们越来越认识到,语言在传递明白的意思和基本的真理方面太不稳定。文艺复兴人文主义的重要性,对我们来说很大程度上不是因为它复兴了古典主义并提倡学习权威的作品,而是因为它特别重视美学、科学和辩论在语言中的综合应用,也就是修辞。尽管经院哲学的影响并没有消失,教育的要点还是被确定为借助语言来认识世界,而不是争论什么课程该教和什么不该教。当时最有魅力的修辞学是西塞罗的雄辩术,他将哲学的思辨和语言的技巧以最有社会说服力的方式结合起来,具有很强的感染力,影响十分深远。正如最好的4个修辞实践历史学家之一理查德·麦基翁(Richard Mckeon)所指出的,这是这样一个时代,"修辞取代形而上学成为一门主导技艺"。[5]正如我们能够在莎士比亚的作品和形而上学的诗歌中所看到的那样,修辞、政治学和美学难得有了愉快的合作。人文主义很快学会了推动迷人的隐喻、持续的权力、道德探究和日益复杂的自我心理学的相互联合。

以文学为基础的人文主义教育形成一股强大的社会和政治力量,长期以来受到西方世界的推崇。英国学校和学院恢复通识教育的进程在19世纪维多利亚时代经常停止,后来受红衣主教纽曼《大学的理念》和马修·阿诺德(Matthew Arnold)的《文化和无政府状态》两本著作的影响,文学在服务于英雄生机论(heroic Nitalism)时广为使用,帝国荣誉再次变得空前活跃,知识在与权力的结合中也被大大美化了。我们刚才讨论的修辞在文艺复兴时期和之后成为最适合的教育方法,在以公众力量的形式出现时尤其这样。其目的在很大程度上是为了用一种时髦的感觉能力和表达技巧来传达一种支持大英帝国扩张的历史感。

很多年来,人们对这种文风修辞的政治用途没有提出任何质疑。

所以斯诺(C. P. Snow)1959年在英国和其他地方提出所谓的"两种文化"的观点曾轰动一时就不足为奇了。斯诺的争辩在表面上是为了推动科学教育,但实际上带有很大的政治目的。他故意让人文教育和科学教育相对抗,并且说力量的平衡是英国阶级斗争的反映,人文主义成为统治阶级的主导力量,而科学却在那些阶级影响力较小的人们的关照中走向衰退。

但是斯诺也意识到现代教育中的矛盾超越阶级关系的事实。真正的问题在于哲学理性和科学能否控制语言的介入,语言扩展成为隐喻的趋势是否能在其扩展过程中的某一点终止,真理到底会不会出现。简言之,斯诺所关注的中心是诗人和哲学家之间的古老的柏拉图式的争论,焦点正是人文学科和自然科学课程哪个更为优先的问题。两者都一样带有帝国主义的特点。只要你给诗人一行字,他们就能够用隐喻说出一首诗——甚至可以把它变成完全不同的另外的内容。只要你给出科学的或哲学的完整的方法——至少在量子论出现以前——一切有价值的问题都可以凭经验找到答案。量子论出现之后,科学家和哲学家也就成了诗人。

就美国的情况来看,斯诺的阶级寓言看起来也许太局限。但其中与语言和真理相关的两难局面依然是引起所有课程争论的原因。修辞艺术,也就是雄辩家的修辞,是将语言精炼为哲学和美学媒介的艺术,同时也是政治驱动的劝说艺术和加强信息传递效果的艺术。目前,很难想出一个比修辞更重要的学科,特别是电子文字的修辞,查找原因也用不着再费心回到拉米斯学说中寻找。

文艺复兴时期的天才们毕竟打算要用当时伟大的人文主义作品大力展示诗人和哲学家的合作。他们意识到,一方面是推理和辩论之间的矛盾,另一方面是修辞的活力和诗歌的贴切。力量和隐喻在服务于道德的复杂性中相互是有联系的,这正是古典通识教育的重大发现。语言是一个透明的东西,一旦被意识到,就可以透过它看清楚公众和私人之间的斗争。它也确实暗示了个人是什么和到底想成为什么。它确实改变着个性心理的状态。简言之,正如文艺复兴看起来对所有艺术的透彻理解一样,对真理的解释是开放的,而心理上的自我完善首先是一种带有修辞特色的社会行为。

可是,这和我们今天的通识教育和所开设的课程有什么关系呢?拉米斯在16世纪中叶最后揭开语言和真理的关系时(已经酝酿了许多年而且还在慢慢煨煮),教育依然面临着棘手的两难局面。我们能把语言和真理再次扯到一起吗?或者说我们是不是一定要把阅读、讲话和写作艺术的教学仅仅当成一种好玩甚至带有解构性劝说艺术的社交练习呢?我们的教育使命一直在强调把语言和真理结合到一起,现在也还在倾向于把这类活动变为自然科学和社会科学。我们也要以人文教育的名义让后者处于开放状态。但是他们相互之间还是存在着很大的意见分歧。

但有一点很重要,在这里需要特别指出,这就是在通识教育方面强调修辞重要性的所有古典理论,都要通过逻辑论证和/或比喻来说服人,同时也都需要通过语言分析来阐述他们的论点和表述公众对真理的理解。古典哲学家不仅对用哲学方式说明问题感兴趣,而且也对欣赏诗歌和音乐的美学快感充满兴趣。他们致力于探讨语言怎样才能说服我们采取行动,并且表述合乎道德规范的政令和要求。文学和历史的用途在罗马时期和文艺复兴时期非常广泛。古典的英国教育(虽然自我意识沉浸于阶级感情中)也相信古典文学作品中语言的力量,首先是其鼓舞作用。总之,文学与道德哲学和社会哲学一起,已经注定能创造强大的大概能够“净化部族语言”的叙述。

这样我们就可以顺理成章地假定,文学作品有可能作为一种重要的手段被用来处理由语言引起的各种社会矛盾:公众力量和私人力量之间的矛盾,基本状态和可能的变化之间的矛盾,真理和谬误之间的矛盾,等等。文学的社会功能和美学、道德艺术具有一样多的政治特性。通识教育具有古典感觉,坚持认为最好的思想教育就是鼓励社会演讲的道德复杂性和吸收“权威”著作中的修辞的逻辑。今天,文科教育不自觉地要反映语言和真理之间不可避免的矛盾。语言从本质上来说是无止境、无价值的,但语言所要努力表达的所谓真理在我们看来却非常重要。语言所能体现的政治性也不过如此。但我们还应该记得,真理在以修辞为基础的课程中总是被争论的对象,并且要让公众作出公开的评判。

这样的通识教育在我们现在所处的时代还会再次受到重视吗?我在最后两章中还会对此进行深入的探讨,但在这里也有必要指出,修辞一直是我们生活中的一部分,并且不会消失。强调修辞的古老理由会继续抬头,但会像我们上课时那样受到限制,会像我们在英语系阅读的文学那样含蓄。我们不可能成为丹尼尔·贝尔的教育理论或者更加保守的教育理论和乌托邦教育理论不切实际地向往的那种理想化的完人。人类不可避免地会因为他们所使用的语言而分化,只能在作为能指的语言和作为所指的语言之间无法逾越的鸿沟中找到共同点。简单地说,语言只能允许隐喻和含糊。我们生活在一个需要持续创造力的状态,正像我们用语言来描述经验及论证其意义一样。

真的,对文学阐释理论的强调,已经不幸地像一个不知疲倦的读者那样,自我陶醉于自己的职业,全神贯注地寻找相互联系的感觉,而不是仅仅阅读文学所反映的社会生活内容。但要点并不是说通识教育一定要验证最基本的真理或者解构游戏。只有少数人会同意柏拉图的雅典人在《法律篇》中所说的观点:“诗人不应该写与社会真、善、美等世俗观念相冲突的内容。任何人在向另外一个人出示自己的作品之前,都应该首先将作品提交给指定的审核员以及法律的监督员,接受他们的审核并且获得他们的批准。”(柏拉图,1970,1975,289)通识教育可以按照我们对语言和辩论的简单理解进行教学,不管我们所教授的课程是什么,其根本目的就在于为了真理而揭示自我和工作命题。这便是后现代时期对通识教育的实际要求,这也是社会学习力量的核心需求。

智力培训

很多人建议要通过语言对人的头脑进行培训,然后才能更好地通过自己的思考和他人的协助明白更多的事理。约翰·纽曼的《大学的理念》(第一次分两部分,分别于1853年和1858年出版,1873年又出版了修订本)大力提倡将通识教育作为大学的使命,对智力培训有过最有力的论述。正如我已经指出的那样,纽曼的著作和马修·阿诺德的研究对英国大学19世纪末20世纪初的文化使命产生了极大的影响,同时也受到美国人文主义者的大力推崇,尽管在职业教育迅猛发展的美国,对通识教育的持久关注已经迷失了方向。

纽曼完全相信持续进行智力培训是大学的真正使命。他指出,理性"自始至终保持其独立性和至高无上的地位,不要求任何外部的权威,就可以形成自己的宗教"。[6]只要从理性和智力培训开始努力,其余的事情就可以顺理成章地进行。他在其《大学的理念》中有一段表述其理想主义的著名论断:

> 通识教育,从其本身来看,就是简单的智力培训,其最终目标就是使智力更加完善。这一点不难理解,也正是我在这里要说的。任何事物都有其自身的完美,事物有大有小,但一事物的完美不是另一事物的完美。任何事物,不管它有没有生气,也不管它是否可以看见,都处于自身的完好状态,也都有其自身的最佳状态。而最佳状态正是我们所追求的目标。你为什么要付出很大的努力来整理你的花园?就是为了看着舒服,花园里的小道,绿色的草皮,还有灌木、树木等等。你整理它并不是有意要把它建成一个果园、牧场或玉米地,而是因为你感觉到它本身很美,有山有水,有花有木,把里面的一切通过艺术的手段变成一个完美的整体。你居住的城市是美的,里面有宫殿,有大楼,还有教堂。它们的美就是它们本

身的存在。美可以被分为外在的美和内在的美两种：一个人长得漂亮是外在的美，其道德修养属于内在的美，即自然美德。智力同样也有其美和完美……艺术家所展示的是特征和形式的美；诗人所表现的是意识的美；传教士要表现其体面的美。智力也有其自身美，我再重复一遍，有人们所追求的东西。追求智力的完美就在于：为了开阔思路，矫正思维，完善认识；为了学到知识，消化知识，掌握和应用知识；为了获得自身能力、方法、灵活性和准确性之上的力量，使自己变得更加睿智多谋、能说会道。这一目标是可以理解的（我们在这里所了解的是通识教育本身具有的内容，不是通识教育所要追求的目标，也不是用教堂规定的内容），我认为，这一目标和德育一样容易理解，但同时又有和德育截然不同的特点。[7]

这里有一个很有趣的事实，这就是甚至连纽曼也毫不例外地对追求卓越充满热情。除此之外，以上论述有力地说明通识教育就是把"培育智力"作为提高推理能力、开阔眼界和增加战斗力的方法。按照纽曼的论点，这确实是任何社会的、实践的或宗教议程的开端。如果理性本身正确的话（大概逻辑和修辞也与此有关），它将靠自己发现美德。但一切都依赖于智力的培育，这是柏拉图和亚里士多德都同意的观点。当我们沉思高等教育的社会使命时，问题依然会提出，如果我们像纽曼那样从更纯洁、更基本的动机出发，将头脑作为学习的中心，专心致志地投身于智力的提升的话，是不是更明智呢？纽曼本人并不是没有意识到教化作为社会美德的重要性，也不是没有意识到大学教育为社会服务的重要性。他把这一点看做是智力活动的结果：

训练智力，最好是为了个体本身，最好能使其卸下对社会的责任。哲学家和世界上的人的行为确实各有差异，但其方法，也就是形成各自行为的方法，却基本上是一样的。哲学家同样掌握着真正的公民和绅士工作和行为方面的所有思想问题。大学课程如果一定要设置一个切合实际的目标的话，我认为其目标就是培养优秀的社会成员。大学教育的艺术实际上就是社会生活的艺术，它

> 的目标是适应世界。大学教育既不应局限于特定的行业，也不一定能打造英雄或激发天才。天才的业绩确实无道可循，英雄的产生也无法可依。大学并不是诞生诗人或者不朽作家的圣地，也不是学校创办者、殖民地领导人或国家征服者的摇篮。大学不能保证培养出一代亚里士多德或者牛顿，也不能保证造就更多的拿破仑或者华盛顿，拉斐尔或莎士比亚，尽管以前的大学里曾经产生过这些杰出人物。另一方面，大学也不满足于培养批评家、实验师、经济学家或工程师，尽管对这类人才的培养也可以作为大学教育的目标。大学教育是通过伟大而平凡的手段实现同样伟大而平凡的目标。其目标就是要提高知识分子在社会上的地位，就是要净化大众的思想情操，提升国民的素质和品味，为流行的热情提供可信的原则，为通俗的抱负锁定真实的目标，就是要对时代的观念予以放大和提纯，以及促进政权的运作和改善私人生活的交际。教育使人具有真知灼见，能够言之成理，言之有力，并且能够仗义直言。[8]

纽曼是一位才华横溢的大众哲学家和神学家，他感觉到实用的、带有政治色彩的修辞，往往会使理性复杂化甚至丑化。但他很清楚自己不得不维护教育的社会要求。一方面，他尽可能详尽地向我们解释现代教育理论中关于人的智力的柏拉图哲学价值。意识有其自身的标准和自身的美德，也有其自我完善的形态。另一方面，形成意识的结果是为了在伟大而平凡的社会中培养自信心和良好的习惯，以便造就负责任的公民和领导人。这确实是一个很强大的理论，因为智力是可以在人口中间进行测试的，本身不存在任何问题。一个人也许会推断，真正的问题是带有修辞色彩的瞬间理由。这样能够引起的争论就在于美国教育在实际效果方面是不是更加优秀，其没完没了的智力测试、智能得分和智商评估等用来判断一个人聪明程度和成功可能性的手段，在制造一个不民主的社会方面可能并不亚于纽曼追求美学完美的热情。

在纽曼看来，意识是灵魂的智力发动机，快乐不仅体现在其外在的美丽上，而且体现在其内在的魅力中。意识本身有其自身的生命力，受到许多学习团体的高度重视。没有什么能比精心修饰的大脑更为重要。毫无疑问,潜伏于伟大而平凡的社会背后的那些美丽的意识能够从世俗用途中得到自由。他指出:"理性是知识固有的繁殖能力的原则,对那些掌握知识的人来说具有特殊的价值,没必要寻找外在的任何结果。知识一旦成为一种科学的形式,就具有了力量,不仅是因为其本身出色,而且不管这种出色是什么,都会有更多超出自身的结果的东西。"[9]

纽曼对通识学习和实用主义学习作了明确的区分。他为此还参考了亚里士多德对形式的纯洁和功能的不纯所做的区分并以此为依据:"掌握有用的知识能够产生结果;拥有通识知识则给人带来享受。我的意思是,有结果的知识能够带来收入;能够享受的知识不能产生超出其用途的任何结果。"(《修辞学》,i,5)纽曼的理论中还有一些对其他观点的反对意见,涉及伟大和平凡、莎士比亚和普通百姓、天才和常人。我们可以感觉到,纽曼已经对二元论安排有所认识,但肯定能够通过理性本身加以克服。他的价值在内心里是贵族化和美学主义的。然而他的智力告诉他,这些东西的内在并不总是好的,凡是必须在高等教育里要做的事情,不仅要有利于产出精华,更要让所有在大学里学习或研究的人创造出更大的成就。包含他所有观点的这个二元论确实很顽固,虽然新柏拉图主义者认为理念本身是纯粹和卓越的,并且能够从经验主义世界中剥离出来,或者甚至可以从道德价值中剥离出来,自始至终保持其一致性。自从纽曼把古典认识论溶入通识知识对实用知识的现代理论后,通识学习所怀疑的是教学目的而不是手段。同时,知识本身也因其本身的设计不能保证其有用或符合道德而遭到怀疑。这便是现代通识教育理论中最顽固的地方:知识本身必须既成为一个目标,又很实用,而这个目标可能是美学的、修辞的,或者实证主义的。但是,正如许多人已经指出的那样,到了 20 世纪,当理性不能为其理论之树看到政治森林时[在这里我们会想起马丁·海德格尔(Martin Heidegger)],或者当我们已经如此下定决心要实行先前被我们忽略了并由此引起文化冲突的知识交换价值时,麻烦也来了。

纽曼似乎坚持认为,与头脑极其聪慧的人在一起的身心快乐存在于来自透彻思考某些问题的经验美学的愉悦。我们衷心赞美艺术作品,其中的真和美是紧密联系的,表现在作品本身的意图中。美学的经验可能是道德的,并且与真和美有关,但大脑本身的运转基本上是完美的,正如前面引文中所说的那样,“艺术家所展示的是特征和形式的美;诗人所表现的是意识的美;传教士要表现其体面的美。智力也有其自身美,我再重复一遍,有人们所追求的东西”。[10]纽曼声称,意识本身及其所展示出来的智慧,能够通过其自我克制、其灵活性及其表现形式而进行考量,而赞美却只能为“头脑自身的安逸(当它生活在自己的世界中)和幸福(当它没有出去而待在家里时)”而增长。[11]

为了追求健全的理性——20世纪很多荒谬的乌托邦式思想和新法西斯主义也被用来支持这一立场——美国人在教育方面具有较少的美学色彩和较多的实用主义,其来自身心的体验不仅仅是颂扬智慧的力量。当我们把现象上的思想愉悦当做终结目标并对此怀有必要的感情时,伟大的崇敬感就在于纽曼所说的安详和镇静的智慧中。虽然他的通识教育理论中表现出形而上学的倾向,但这种倾向已经通过解释大脑所做的工作的价值、表达的成果以及对行动的号召而打消。不难理解的是,美国人发现将事情同其用途区别开来很难,把意识与事物区分开来和把形式和功能区分开来,也一样不容易。美国教育有其强烈的社会责任,支持实用的人道主义。正如约翰·杜威所说的那样,“只有生存,而不是形而上学和心理学,能够‘给出’一个理想”。[12]但在其进程中,我们大概已经为“头脑自身的安逸”而迷失于通识教育理论了吧?

通识教育在美国的情况

在18世纪,当欧洲对通识教育的关注走上哲学道路的时候,美国的高等教育还一直受到文化、社会和经济活动的共同影响。殖民地学院是由一些不同意识形态的组织建立的。这一点不同于英国的情况,英国和欧洲的学校多数是由学者们组织建立的。他们由校董会控制,校董会由一些将虔诚和制度结合起来的牧师和商人组成。这些学院确实把他们看做是学者们的社团,带着很浓的修辞色彩,赞扬当时古典欧洲课程的价值。他们坚持严格的入学要求,包括要求学生具有较强的拉丁文学和希腊文学功底。他们教授古老的文科课程(还是逻辑、修辞、希伯来语、拉丁文学、希腊文学、自然哲学或物理、纯哲学、道德规范和数学)。但他们从不像早期的欧洲学校那样,认为自己是在实行自我管理的独立教员行会,他们所开设的课程带有明显的宗教特征。简言之,在美国高等教育的早期阶段,修辞从没有被当做一门完整的课程。

那些清教徒殖民者知道他们优先选择什么:他们要用自己的学校来展示其新世界实验的成熟,他们想要帮助年轻人为了上帝和社区的工作做好准备。1646 年,哈佛学院的规定坚持认为,学院的每个人都要“考虑自己的人生目标和研究方向,了解具有永恒生命的上帝和耶稣基督”。正如科顿·马瑟(Cotton Mather)在大约 60 年后所说的那样,“他们已经预见到没有办法找到足够的牧师,新英格兰的教堂当时还没有那么大的能量,这件事很快就会泡汤……没有能够收留我们中间的这些人的托儿所,黑暗一定会很快笼罩大地,弥漫的黑暗将笼罩人民”。[13]

从最初到以后所经历的两个世纪,美国的高等教育一直受理想化基督教绅士的社会价值所控制。绅士的特点是,在新世界社会里取得成功,拥有古典修辞知识,认同《圣经》中的道德规范。尽管美国的高等教育提供的是欧洲风格的教育,但其目的正是要通过对古典知识的学习,鼓励意识和精神的愉悦,进而提升新生共和国的社会价值和独立特征。因为有殖民地学院在,家长就没必要非得把孩子送到古老的国家。然而,尽管这一文化理论相对统一,但也并不是没有来自公众的各种抱怨,其实从课程内容到学生纪律和教职员的行为,几乎都受到过公众的批评和谴责,而这些抱怨经常是因学院为谋取经济生存权而进行的努力所引起的。本杰明·富兰克林(Benjamin Franklin)就曾抱怨说,殖民地学院比许多精修学校(finishing school)好不了多少。

然后到19世纪中叶,小学院的教育不再流行,基督教新教的通识教育道德和宗教理想与新出现的科学和自由思想发生了强烈的冲突。而后,两者又都与19世纪末的公司自由主义力量的不断膨胀发生矛盾。这时的公司自由主义学会了聪明地将保守的道德价值、国家主义的企业家思想结合起来,又创造性地对公众基于经济需要确实想要的东西表现出极大的喜爱,从而避免了正面的思想冲突。

教育的宗教和通过宗教推动的教育一直持续了许多年,在19世纪中叶以前一直在维持这种状况。尽管创办国立大学的提议得到了杰弗逊和华盛顿的支持,但谁都没有认为这样的大学能与通识教育的社会宗教理想一样重要。对这一理念的最重要的阐述可见1928年的《耶鲁报告》,[14]该报告断言古典教育的重要性集中体现在学习希腊文和拉丁文著作方面。按照这一描述,高等教育的内涵被确定为来自文艺复兴人文主义的文科概念,具体内容包括古典课文、语言学习和逻辑,以及对科学知识的粗略了解。这种教育基本上被确定为文学,虽然并不带有我们现在所理解和感觉的哲学和政治的意义。在学者的脑子里至高无上的东西是学习课文的成绩,而不是对课文的解释。学生们看到那些伟大的作品,从中潜移默化地感受到智慧和美。这便是当时商人们怀旧的情形,当时美国人的意识是自由开放的,并没有太多的怀疑。

但《耶鲁报告》对古典修辞或文学教学中的微妙之处和讽刺意味的理解显得很肤浅。报告并没有集中于对教育进行探讨,而且还厚颜无耻地在谈论谋取社会力量的教育,也就是体现于基督教信条和古典课文豪言壮语之间的联系。该报告的影响很大,一直影响到南北战争以后,直到基督教通识教育的精华与民主的工业社会的商业愿望之间的鸿沟开始扩大。之后,学校所开设的课程越来越走向专业化,修辞学作为一门课程,进一步从教学的中心位置后退了。

南北战争以后,开始了伟大的美国公共教育时代,一直持续到现在。在这个时代,教育被看做满足社会需要和缓和市民紧张关系的手段。在19世纪60年代和70年代,美国的高等教育同时表现出自由化和专业化两种倾向，从学习古代圣贤的见解转变为获得平等的机会。妇女上大学的权利于19世纪60年代在瓦萨学院首先实现。康奈尔大学于1869年成立时就许诺实行学生来源的多样化。19世纪70年代哈佛大学的校长查尔斯·艾略特首先引进了选修课的做法，打破了宗教的道德准则对高等教育的控制。这一期间西部和中西部地区的政府赠地大学，也打着民主的职业使命的旗号迅速崛起。这一时期的专业研究也有了很大的发展，约翰·霍普金斯大学从1867年成立伊始，就信奉日尔曼人的信仰，认为真理是可以通过有系统的理性方法发现的。这种学习方法可以支配任何值得命名的学科。简言之，对学习的服务和对社会的服务作为相互关联的两个理想已经树立，尽管两者之间的矛盾因高级研究和博士科目的严肃性而有所增加。

毫不奇怪，古代修辞学核心的创造力重新显现出来，并急于用科学方法发现真理，而不在意某一具体的学科属于文科还是理科。学术界又重新表现出了自己的尊严，在进一步探索知识的过程中所表现出某些祖传职业的特点，就好像只要所提的问题正确，学者们就能从语言中挖掘出正确的哲学技巧，并有可能得到理性的证实。在19世纪最后20年，修辞学在这种魔力的感召下成为英语学习的一门课程，有自己规范的阅读书目清单。古典文学作为展示修辞魅力、语言学和哲学含义的载体，人们对它的兴趣并没有完全消失。经过几个世纪以后，拉丁课文和希腊课文知识已经成为社会教养的标志，即使在美国也不例外。随着精英的文科学院和常春藤联盟学校地位的上升，古典传统在19世纪和20世纪初的影响还非常强大。

但问题是这种对文学学习中力量美学的关注（这里没有任何讽刺）很快就在其学术重点中变成了一种非常内向的、缺乏生气的、纯文学的东西。在语言所说的行为和它能被解释为所做的行为之间的严格的、没有限制的辩证关系并没有得到提升。伟大的课文成为文化的偶像，在文学史博物馆里被精心地展示着。对这些课文发表评论成为自我装饰的极大荣耀。最后，为了建立一个共同的高品位的文化，文化批评变得非常内向——很像18世纪的小说中相互借用人物的情形。

这样,正是在这一期间(从19世纪进入20世纪的头30年),人们开始特别关注以人文主义的名义赞美文学的社会力量,关注在人性周围建立文化伟大的修辞。这里所说的人性同白人欧洲资产阶级道德的关系大大超过同大多数美国人生活的关系,当然不是指妇女或有色人种。确实,有许多年,甚至到了20世纪30年代,学者们阅读英语文学作品的模式,主要是出于对基督教化的古典学问的兴趣。学生所学习的英语文学阅读课程也好像是在读罗马或希腊文学(参照教授们提供翻译,以免把真实的意思搞错)。这种练习方式虽然不是很多但一直在持续,就好像要再次神化古典价值一样。

这一怀旧的、新古典主义的通识学习传统对文科学院的影响十分强大,一直延续到20世纪,它的影响甚至在今天都能感觉到。确实,现代美国大学的出现与超越基督教的人文主义文学传统的教化哲学和新科学的优势是一致的。但是如果科学家在19世纪末赢得了战争,他们也绝没有把人文主义改造成为一套更加客观或更带有哲学疑问的理念。追踪过去人文主义方式的文科学院和宗教学校对此的反对依然非常强大。有一些偏执的高等院校,特别是那些坚持古典学习内容的罗马天主教学院,一直都在强调文学修辞的重要性。其训练可以从伊格内修斯·罗耀拉(Ignatius Loyola)一直追溯到西塞罗和伊索克拉底。然而直到最近,我们才重新发现了伊索克拉底作为辩论修辞和讽刺修辞方面的理论家的重要性。

与此同时,许多美国大学受到对科学研究的鼓励,放弃了通过广泛的古典研究课程培训有道德的公民的主张。他们引进本科专业方向,确定了研究生文、理科课程的模型准备课程,特别是研究生理科的准备课程,并且确定了一套理性、客观的方法。英语专业成为人文主义战争的战场。吉拉尔德·格拉夫在其《讲授文学》[15]一书中对这段历史有很好的描述。在英语系里面,一直存在着哲学和诗、理论和文学、人文主义和科学之间的战争。

第一次世界大战前开始的专业化文科和理科课程的学习,相比较今天的理论热、意识形态争斗和自我提升崇拜来看,显得更加平和,但并不缺乏自信。美国的奖学金在两次世界大战期间当然地开发出了一种自足的措施,研究机构也成为他们自己的。[16]“二战”以后,学生注册人数出现了爆炸性的增长,对学科的重视程度也大大增强,大学开始有了更加复杂、理性的使命,国立学校和优秀的私立大学都要发展成为既从事研究又提供本科教育课程的学校。于是很快便出现了对本科教育作为集中学习系统课程的阶段性谨慎的关注。哈佛研究报告《自由社会中的普通教育》(1945 年)——即著名的红皮书——以及 1947 年的总统教育委员会报告《为了民主的高等教育》两部书对本科教育模式的形成影响非常巨大。本科教育在委员会的报告中被称作“普通教育”。红皮书在一定程度上依然倾向于古典的人文主义,但它至少已经认识到了这样做的讽刺味道。然而,委员会的报告却非常明确地提出对通识教育的优越论调加以修订。

美国大学(如果不包括文科学院的话)从通识教育向普通教育的转型在 20 世纪 40 年代末进行得非常顺利。从一开始就体现出来的美国高等教育人文文化使命,现在公然地受到了认知理性科学文化的挑战。本科教育的课程是值得学习的,他们的方法论成为健全的通识教育的新的试金石。但是研究工作对教职员有最强大的拉力。托马斯·本德是这样描述学术政治的重大转变的:

> 教职员价值(研究机会,更好的学院,更好的学生,更大的自治)推动大学——至少是那些盼望出名的大学——开发和建立起一套评价学校好坏和对大学进行排名的标准……克里斯托夫·詹克斯(Christopher Jencks)和大卫·里斯曼(David Riesman)在他们 1968 年写的《学术革命》一书中说,这种转型是非常激进的。
>
> 这一模式的转变允许教职员自由选择其较强的研究方向,使学术自治和学科专业主义变得更加坚定。而红皮书已经要求哲学家调查和讲授“人类渴望的地方和整个规划的理想”,战后的学科,包含内省的和装模作样的分析,避开了这样一个公民角色。回顾战后半个世纪的历史时可以发现,许多科目看上去是被重新定义过的:从手段到目标都发生了某些变化,有了自身的目标,拥有建

构他们的学者,都不同程度地同公民课拉开了距离。[17]

在培训服务和学科建设方面,文科为了形成能够与理科竞争的科目,已成为高度专业化的学科。但他们还缺乏有力的说辞,还没有找到能够帮助他们定义大学使命的最佳说法,更不用说人文主义和公民责任了。学科的职业化在20世纪后半叶与高等教育不断增长的功利动机和群众教育的巨大发展同步进行,已经讽刺性地改变了文科的防守姿势。一旦知识被有效地用于职业活动中,就连在公共演说方面的尝试也会不可思议地使用到理论性很强的语言。

这也为社会科学和自然科学的大力发展开辟了道路,因为这些课程比人文学科更接近客观主义的研究报告。由于知识被现代化,并且作为新出现的支配世界的力量对美国的发展给予更多的动力,实用知识的学习变得越来越重要。这种情况到现在也没有什么变化。20世纪七八十年代,人文学科曾试图建立一个更强的"人的科学"[雅克·德里达(Jacques Derrida)的说法],但却因为其超常的内省和用词的过分讲究而遭到来自大众和媒体的嘲笑。比如,很少有学术性企业比痴迷于解构理论的人文主义者更令人费解。即使是人文学科在社会公正和文化价值方面的广泛权威——在1968年的"学生起义"之后,在美国大学不断增长的多样化过程中——对美国的公众生活也没有太大的影响。对性别、种族和文化政治的学术批评继续深入学科的专业化进程。虽然具有讽刺意味的是,即使是后结构主义的解释理论,看上去也是在通过他们的工作学习更广阔的跨学科知识——更不用说他们对人类课题不稳定性的理解了。由于实用主义者偶尔也能成为专家,艺术和通识学科的一些科目依然被顽固的专业主义所迷惑。各学科的学习很难按照许多人所希望的速度增长。正如本德用挖苦的语气所说:"令人吃惊的是,自20世纪20年代以来,大学的课程结构所发生的改变非常小……学校的基本的组织单位还是系。"[18]

然而,我所争论的是,美国的通识教育的发展是顺应知识的社会应用而发展的,首先在文艺复兴时期通过古典基督教文化被定义,然后又被不断增长的平等主义和19世纪后半叶新建大学对科学理性的信心所塑造。在研究和专业方面,通识学习还包含了一个复杂而神秘的政治解释。仅仅从职业前景来看,学科必须按照知识的发展而发展。但美国大学的公司化已经讽刺性地支持学习的职业化。确实,人文学科已经重新恢复了修辞劝说的姿态,人文学科之间的距离依然存在。所以学生需要在其日常生活中接受大量以问题为中心的普通教育。

第六章

知识、现代性和实用主义

过去十五年,通识教育成为数份论述本科教育课程改革的研究报告中的焦点,这些报告曾广泛流传。[1]几乎所有这些研究都假定大学本科普通教育是目前最能发挥通识教育效用之处。为了回应这些呼吁,许多大学设计出了大一阶段要讲授的核心课程,通常把这些课程确定为必修课的附加课程。其中有些做法在普通教育课程中已经很普遍:对美国文化定义的内容更丰富,采用多元文化课文,国际性日益加强,对社会的价值和服务越来越关注,重视对学生基本文化知识的补习(写作、电脑和数学),对民主教育日益关注,对以询问为基础的教学方法和对学生学习的评估非常重视。[2]

因此,人们可能会认为我们没必要担心通识教育的未来。其实不然,正像布鲁斯·金布尔所说的那样,"实用主义和通识教育正在走向一致",而且这两者结合的发展前途非常看好。正如金布尔解释的那样,美国的教育理论在过去五十年里很大程度上受到约翰·杜威教育思想的影响,以上所列的大部分普通教育方法都带有"实用主义的概念及其历史根源,或者可以说能在实用主义中找到原则性的推理逻辑"。[3]诚然,大学所关注的是社会价值如何定义本科教育,我们如何才能在"传授冲突"的过程中采用不同的跨学科战略。但尽管通识教育的活动看上去很活跃,各学科的学习联系很少,我们宁愿让普通教育保留更多传统的特色,寄希望于选择卓越的教科书来教化读者,也不愿让学生失去对展示学科性学习方法的愿望。我们不是按照广义的大学理念来运作,没有聚焦于跨学科教育的合作性学术文化。我们动摇各学科的霸权地位。我们还需要规划出强大的民主通识教育思想,能让大部分学校感到无法抗拒并愿意实施。

当然,在适应被委婉地称为新的教育挑战方面,文科和理科的反应都非常缓慢。通识文科在面对这些挑战中遇到我在本书中描述过的经济、政治、文化问题方面的表现也同样令人沮丧。包括亨利 · 吉尔罗克斯(Henry Giroux)和斯坦利 · 阿罗诺维茨(Stanley Aronowitz)在内的几个学者认为"公司化"(corporatism)是罪魁祸首。比如,社会学教授阿罗诺维茨最近发表严厉攻击"公司化大学"的文章,建议将其"拆除",呼吁改革通识教育,将四个关键的知识领域(历史、文学、科学和哲学)应用到"特殊的历史时期",以便通过这四个学科的合作来检验这些时期。[4]

我想公司式的大学还不会遇到被拆除的问题,它们仍然会以产品(学位)为中心,其功能仍将体现为高度的官僚主义;它们将继续关注学科教育的职业化,并将根据学术市场的变化来确定其策略。公司文化在大学中不仅存在,而且还大行其道,是确定所有课程的主要依据。知识的本质在过去五十年左右发生了改变,背离象征模式而转向交易模式,背离综合的知识观(旧时的精神哲学挂帅)而转向专门化技能。的确,崇尚消费主义的公众似乎都希望这样,与此同时一些学生却哀叹着丧失了学习的浪漫色彩。我在前面已经论述过美国大学使命的杂乱无序,缺乏统一的思想,向企业机会主义妥协,我们几乎无法处理自身文化中的矛盾,更不用说我们所服务的社会中存在的矛盾了。普通教育为了应对知识分裂的日益增加,不断在修正其具体的做法,但他们很少追随完全彻底的学科交叉战略,他们那良好的意图经常因大学里的结构模糊而被削弱,或者受到预算的限制。教员的自由受到前所未有的威胁,劳动力分工成为日益增长的焦虑的根源。

简言之,通识教育长期以来一直是知识分子的理想——其对知识本质的关注,对定义原因和真理的激情,对组合世界观的分析力、理性、美学和意识形态元素的需求,对修辞和辩论的重要性的坚持——不可能在职业化的学科中简单地就被市场反应理论有效地取代。他们可能会被阿罗诺维茨所勾画的行动计划所取代,但那也不足以保证所有活动都成为理论化的民主教育。这一行动计划对那些带有煽动性的主要学术课题和社会问题有着强烈的兴趣。通识教育的改革不仅要同不断涌现的学术职业化态势妥协,而且要与那些为了获得利益而开展的研究工作达成妥协,要为保持政治上的正确性和分类学习计划而妥协,还要为通识哲学未能有说服力地重新制定基本的学术计划而妥协。

同样令人好奇的是,通识教育很少谈到构成个人幸福的要素。乔治·华盛顿1790年在国会的讲话谈到了知识在过去和现在究竟是什么的话题。他说:"知识在每个国家都是公共幸福的可靠基础……它为自由宪法的安全做出了各种方式的贡献:说服那些承担公共管理责任的人,让他们相信政府的每一个有价值的目标都得到了人民受到启蒙的信心的最好回应;教育人民自己知道并珍视自己的权利,当他们的权利受到侵犯时为他们提供保护;区分清楚政治压迫和政府所采取的必要行为之间的差异……区别自由精神和放肆的不同。"[5]也就是说,知识是保留基本的人性自由的必需品,也是获得幸福所需要的个人信心。这并不是说幸福将一定随知识而至,或被启蒙的贫民一定会心满意足。显然知识能够导致人们对命运的不满,正如大学里的教职员所知道的那样。有一种假设的影响力极大,认为幸福是启蒙的功能,而启蒙是知识发挥效用的理论。得到启蒙的幸福是最大的幸福,这个论点是很有说服力的。

然而我们的问题是启蒙并非目前通识教育的迫切目标,而公众试图给出对幸福的不同定义,即过于频繁地表述知识和具有批评及论证的能力不是快乐的源泉,人们更有可能通过一个好工作得到幸福。我们许多人都知道,当我们的政治家们、大学校长们和公司领导们谈到教育作为公益事业的重要性时——不是纯公益事业,因为很少有公益事业能获得公共补贴,但至少在契合普遍权利的程度内是一件好事——

他们会引证高等教育在向以知识为基础的经济输送人才时的效力。累积的、可掌握的知识越多,我们的教育民主化程度就越高,我们所有人也就越幸福。

威廉姆斯学院院长、教育历史学家弗里德里克·鲁道夫(Frederick Rudolph)在其学院建院五十周年庆典的论文集中指出,美国高等教育的文化发展经历了3个发展阶段:基督徒、绅士和消费者。[6]我引用这句话不是向往回到前两个阶段,我们今天所知道的知识经济必然会导致对每个职业领域证书的强大需求。知识已经取得了长足的发展。极力标榜知识重要性的欧洲最近也发现,欧洲的群众教育和职业教育看上去也更偏好美国的大学。

从经济的角度看,知识在美国和欧洲的发展都非常顺利。如我们已经指出的那样,学术知识已经与自由资本主义形成联合。现代信息体系的演化——其消费者价值,公司和国家的力量基础,他们所鼓励的分权管理,他们的广告补贴,以及他们成为新的全球知识经济的一部分的需要——已经成为大学知识发展的推动力。高等教育已不可避免地更加接近公司生活,因为大学是致力于传播知识现代化的主要社会机构。然而大学在自我解释以及在发表关于现代化实际意义的言论时,受到社会的欢迎和信任越来越少。

知识的现代化

正如学者马萨·努斯鲍姆(Martha Nussbaum)所指出的,当我们将高等教育"培养人性"的学术挑战与其为社会提供特别证书的作用进行对比时,矛盾便出现了。在这个社会中,知识和经济价值及国家声望具有同等的地位。在过去的几个世纪里,战斗已经进行了许多次,因为维布伦在博学与应用知识之间的对抗自古希腊起就一直存在。我始终认为,这些战斗不再像过去那样属于哲学的战斗,我们还不清楚简单而不加修正地返回到通识教育的老观点上是否有用。

让我们重温一下关于通识教育能够以非专门化的知识提供什么的一个经典定义。这里是努斯鲍姆的描述：

> 在今天的世界，有三种能力是培养人性方面最基本的因素。首先是以批评的姿态检验自身及其传统的能力——为了过上继苏格拉底之后我们称之为“经过检验的生活”。这就意味着我们不会仅凭因袭某种传统或因为习惯而熟悉的某种生活，轻易地相信任何权威的生活方式，而是会对所有的信仰提出质疑，只会接受那些经过认真思考和对比认定的信仰……我们需要用苏格拉底的教诲来履行民主公民的承诺。
>
> 进而，我们需要的第二种能力是那些培养其人性的能力，也就是能将自己不仅看做是某一地区或团体中的公民，而首先是某个认知和利害关系中的某一类人群中的一个。我们周围的世界变得越来越国际化……在一个复杂的、相互联系的世界里培养人性，涉及理解共同的需要和目的，以及在不同的环境下以不同的方式满足这些需要和实现这些目的的方法……
>
> 但一个人无法单凭实际的知识进行很好的思考。这就涉及另外一种能力，即第三种能力。第三种能力与前两种密切相关，可以被称作想象能力。这意味着一个聪明读者在读别人的故事时，能够想到如果自己处于别人的境地会有什么样的不同感觉，并且能理解在特定处境下的人的情感、期待和欲望……我们的学生应当掌握的第三种能力就是通过想象辨识这样的意义。[7]

对努斯鲍姆和很多人文主义者来说，知识的现代化势必需要长期的记忆。努斯鲍姆将高等教育的传统角色描述为批评文化史和传递社会价值。这样的教育就是通过接触别人的作品——即文本和文化经验，培养良知、想象力和逻辑思维能力，以便造就负责任的、有知识的和能够进行自我反省的公民。人们也许会猜想这样的一个公民会对其权利充满信心，并且大有可能获得幸福。高等院校是我们训练未来的几代人的地方,不仅培养他们批判性的理性思维能力和与他人沟通情感的能力,而且要能够分享各种重要的、能公开交流的社会价值。一旦有了比努斯鲍姆更加激进的自由、修正的理论或更加保守的理论,学校就会鼓励传统的通识教育响应当前对批评性思维和多元文化主义的号召。

另一方面,近年涌现出另外一种和知识经济相关的对现代知识的解释,这种解释看上去在商业市场甚至公司化的大学里被广泛接受。虽然这种解释没有对苏格拉底的理论产生共鸣,但它对我们如何经营高等教育,以及如何在大学之外评估教育的方式,都具有很大的影响。它公开了一些人文学者势必会强调的问题,即在现代世界里接受教育究竟意味着什么。著名的新"知识经济学家"戴尔·尼夫(Dale Neef)讲过下面一段话:

> 在以知识为基础的经济背后有这样一个基本的论点,这就是……众多市场激励因素的结合导致了计算机、生物技术、电讯和交通运输(只能举出几个)等众多领域的技术进步,并已开始推动未来的经济体、国际组织和政府运作方式的戏剧性变化。的确,现在有很多引人注目的证据表明,高技术和高技能的服务在迅猛增长,新产品及其创造的服务结构会使我们自19世纪从农业社会向工业社会转变过程中所见证的生活和工作方式带来一些最深刻的、出乎意料的变化……
>
> 其结果是,能够最好地平衡其知识优势的个人(和组织),显然将会创造出总产值中更大的部分。他们也将相应地获得相关收入较大的部分。简言之,对发达经济来说,知识工作——涉及复杂问题的辨别,问题解决方案,或高技术设计及导致产品创新或服务创新,或创造开拓市场的新方法的行为——已很快成为经济增长及个人和组织繁荣的焦点。这一变化将在社会组织和国家两个层次上对我们的生活方式产生深刻的影响。[8]

当然,尼夫首先根据技术科学的发展引起的戏剧性挑战对"知识工作”下了定义。面对这种挑战,公共政策需要有一些必要的变化,对新的科学发现和技术变化所带有的伦理和文化内涵需要有很好的理解,需要把知识作为永恒创新的手段而不仅是用来探索基本的意义。但对尼夫那样的思想家来说,很容易把“知识工作”看做是解决问题和设计方案,而不考虑问题的历史、意识形态或政治内涵——也就是所有通识教育想要通过艺术、人文学科和社会科学所提供的内容。但即便如尼夫所声称的那样,科学本身在很大程度上受到市场规则的驱动,在大学和公共哲学里依然存有一种非常坚定的信念,认为科学首先要提供真实的知识。

然而,尼夫的观点也绝不是说大话:世界上每天都在发生迅速的文化变迁,不是通过哲学家们的工作,而是通过那些能够辨识并解决技术问题的能人。一个多世纪以来,通识文科一直面临着针对这种情况制定对策的挑战。例如,人们可以假设,通识教育中也存在作为“复杂问题的辨别和解决方案”的市场“开发”部分,因为文科知识完全是关于影响社会声誉和本性的任何问题的伦理、美学、经济和政治内涵的学问。但学习文科的大部分人都满足于认可那些在后现代世界中拥有地位的学科,并且满足于在理解和评估社会变化和技术科学成效方面扮演基本角色。

在后现代社会里,还有一种对知识的定义,这一定义可以说更加古典,但依然很具有刺激性。这是由公司知识经济领域最著名的理论家彼得·德鲁克(Peter Drucker)给出的。尽管他自己解释说在给知识下定义时尽量选择了更加人文主义的词汇,但还是声称他的定义基本上和尼夫的定义一样:

> 知识社会在其核心必须有受教育的人的概念。这将是一个普遍的概念,正是因为知识社会是一个知识的社会,同时也因为它是全球性的——表现在金钱、经济学、职业、技术、中心问题之中,首先是信息之中。后资本主义社会要求统一的力量。它要求有一个领导小组能够把那些地方的、特殊的、与众不同的传统集中在共同的、能够分享的价值承诺上,形成共同的优秀概念,并且相互尊

> 重……
>
> 知识社会需要不同类型的有理想的受教育者,人文主义者曾为了这个理想而斗争……然而“通识教育”和 Allgemeine Bildung(人文教育)在今天却处于危机状态,因为它已经日渐成为“玻璃球游戏”(Glasperlen-Spiel,源自赫尔曼·黑塞的同名小说),成为粗鲁、庸俗地攫取金钱的机巧的不毛之地。最有能力的学生赏识文科……但今天全世界的学生,在他们毕业几年后都在抱怨说“我非常热衷地学了一些没有意义的东西,这些东西同我感兴趣的事和我想从事的工作没有一点关系”。他们依然要他们自己的孩子学习文科课程——上普林斯顿或加莱顿(Carleton),东京大学,法国或德国的大学预科——尽管他们主要是为了得到社会身份和一份好工作。但他们在自己的生活中却极力批判这种价值观。他们批判受过人文学科教育的受教育者……
>
> 后资本主义社会既是一个知识社会,也是一个有组织的社会,相互依赖,但所持的概念、观点和价值又各不相同。大部分——如果不是全部——受教育的人将作为一个组织的成员去实践他们的知识。这样,受教育的人将不得不准备好同时在两种文化中生活和工作——“知识分子”专注于文字和观念,“经理”则专注于人和工作。[9]

正是在高等教育中,这种为了定义受教育者的斗争发生在知识分子和管理者之间,发生在人文学科和职业教育之间。这一战斗在学院外已经结束,因为媒体经理们和政治竞选顾问们已经果断地打败了那些喜欢用复杂的方法解决复杂问题的人。但这种矛盾在学院里属于人文学科的知识和属于基本信息或技能的知识之间还依然存在,正如德鲁克所承认的那样。但德鲁克的意思是说,通过“智力的工作”追求专业化的有用信息,这些信息具有某些能够被正确传授的“普遍的”原则。他说:“我们现在认为是知识的知识最终在实践中得以证明。我们现在所谓的知识是在实践中有效的信息,信息专注于结果。”[10] 所以,他相信:

> 未来并不属于"博学者",而是属于专业人士。高等教育面临的挑战是把知识合并到我们真正需要的"知识领域",能在知识社会定义受教育者的是理解各种各样的知识的能力……没有这样的理解,知识本身将变得毫无结果……傲慢自大但没有产出。因为每个具备专业知识的人的主要的、新的洞察力,都来自另一个不同专业的人,来自另一个有知识的人。
>
> 在知识社会里根本没有"知识女王"。所有的知识都具有平等的价值,所有的知识……都会同样地走向真理。让知识成为走向真理的途径,成为获得知识的途径,正是掌握知识的男人和女人的责任。他们集体代管着知识。[11]

德鲁克说得没错,在知识社会里确实没有知识女王。文化舞台上学术科目之间的竞争冲突仍在继续,但没有哪一门学科能够完全掌握个人活动和社会、自然运转的全部知识。这并不是说知识不能被建立联系和将其各部分结合起来的推动力所指导。在我们和德鲁克一样选择哪些"专家"有意义和哪些没有意义时,结果会怎么样呢?是什么更大的知识来作出那个决定呢?在德鲁克攻击传统的人文主义者和被他称作"后马克思主义者的混杂队伍、激进的女权主义者和其他'反对者'"以及"那些新虚无主义者,即'解构主义者'"的时候,要说"所有知识都具有平等价值"和"一样导致真理"是难以置信的。德鲁克并不认为真理就在于这些形式中,而他也并不属于少数。学院里那些经常政治化了的说法在过去十年所提供的知识,尽管他们正确地约束了日常权力的不平等,却大概将许多问题留给了一般大众,很难保证"激进的人文主义"的意义和价值。但尽管知识不可能回避政治,学院还是因其没能用平易的语言发展出强大的大众哲学而难免受到谴责,这个哲学就是不要走向政治或美学的极端。具有讽刺意味的是,在我们的知识社会,我们很少教授知识是什么,我们只教授知识。在公众的眼里,人文学科的学习已经被那些显得更加健全的和中性的社会科学和自然科学调查报告所超越。毕竟,就像德鲁克不太深奥地说的那样,那些传统上对塑造通识教育哲学的关注并没有塞满维持高等教育的经济动机的冲床。到后来不断增长的对学院的批判并不总是和保持美国强大的爱国主义议程有直接的联系。把知识交给“博学者”无疑是一种太冒险的行为。德鲁克和其他人所推崇的分享的知识价值和对知识的信任,正是西方的公司力量和军事力量。

谁都不能否认,在商业世界和国际金融世界里,西方的力量看起来就是全部力量,不管多么易受销售波动的冲击,不管这种状况能延续多久。但仅靠经济力量还不能支持人们对文化以及人类命运复杂性的理解。德鲁克看上去对那些容忍模糊性的教育没有很大兴趣。他似乎很少关注超出维持幸福生活所需要的其他条件和花费。真的,德鲁克对那些只为提高社会身份而不能真正理解通识教育的价值的“粗鲁、庸俗的抢钱者”感到悲哀。但这种采纳对立方修辞的聪明做法不应该愚弄我们。实际上德鲁克对公司风格的权力的兴趣远远大于他对通识教育的兴趣。

但具有讽刺意味的是,这正是德鲁克想要传达如此重要的一个信息的原因。正如他暗示的那样,不关注社会权力需要的学习效果很差。文科需要注意到这一点。但我们不需要为了赞美西方的胜利而这样做:“西方的传统将……依然不得不居于核心地位……其物质文明和知识,都建立在西方的实力基础之上,包括西方的科学、工具和技术、生产力、经济学、西方式的金融和银行等。如果没有对西方理念和整个西方传统的理解和接受,这一切就不能正常发挥作用。”[12]这里关于健全的金融和银行业务的运作必须以“接受西方理念和整个西方的传统”为前提的主张极具煽动性。但持有这样的意识形态是很平常的,即使在美国的大学里也一样。德鲁克只是简单地重复了一些我们的商业和政治领袖们支持古典课程的理由:罗马帝国的辉煌提醒他们晚期资本主义的美利坚帝国的辉煌。

通识学习本身不是为了建立或维持权力精英,尽管各学科中的知识分子精英层出不穷。通识学习是为了检验我们为什么拥有权力,以及为什么人们只要共同生活在社会里就对权力如此入迷,为什么德鲁克的知识观在我们的时代具有影响力。通识学习是为了通过争论社会和自然发展规律而获得信心，也是为了回顾和批评那些想做世界公民而不只是美国公民的理念的历史，紧密结合那些令人惊异的经验的复杂性，其中大部分还没有被人们发展的经验被财富或权力的膨胀挑逗得热情高涨。虽然很清楚，那些并没有把通识教育看得与以历史为基础的文化批评一样重要的人大大提升了国家主义和消费主义。

那么回顾传统文科课程有没有意义呢？答案是有也是没有。如果传统文科教育课程只是设法促进过去的一些怀旧的奥秘的话，回顾就没有意义。艺术和人文学科的学习很容易被美化，从而失去任何批评的锋芒，比如说，这种学习作为一种鉴赏力或受到美学激励的唯心论，能够反过来支持艺术。这不是说我们不应该再去触及美学或精神问题，而是因为这些问题有自己独特的回应形式。但是我们迷恋高度美化的权力或者过分细腻的文化——纯粹的或修订的——看上去是追求真理所要跨越的最后一道远离了社会大部分的防线。

另一方面，就是有，我们应当回过头来回顾传统的文科观点，因为只有批评的历史观察才能够提醒我们坚信自己修辞的重要性的讽刺意味。我们在理解知识的本质方面取得了很少的进步。比如说，正如上一章所引证的，古希腊人和罗马人对实用的、政治的、修辞的教育有非常强烈的兴趣。这种教育不完全是传授形而上学、美学和知识的理论，而是探讨政治学和社会权力。但是如果没有那些知识的理论，他们怎么能知道权力是什么呢？文艺复兴时期也对人文主义进行政治、哲学和美学几个方面的复兴，即通过语言的描述达到分层的效果，看上去比今天的大部分大众哲学都更注重实效，当然也更带有诗意的特征。19世纪德国的大学也相当有影响力，德国在当时第一个研究国家主义，以此来比较我们今天的资本主义和科学之间的深层关系，不太需要考虑在本科水平教授理性本身的复杂性。

努斯鲍姆宽厚的人文主义所号召的自我反省和移情共鸣是走向正确方向的一步。我们要和向努斯鲍姆学习一样，从德鲁克那里学习严肃的东西。不管他希望什么样的结果，德鲁克指出了重要的一点 ，他说除非我们能够把一些有用的理论知识、理论和实践结合起来,高等教育的前景一点都不容乐观。教育市场只能维持公众认为有必要和有价值的东西。德鲁克说的没错,“技术现已成为知识,必须成为受教育的人不可缺少的一部分”。这是文科必须关注的真正问题:综合知识的力量。

实用主义

现代美国大学很早就知道知识、实用主义和学习之间的重要联系。尽管在美国为通识学习辩护的人都爱经常提起纽曼,但美国的高等教育都一致支持通过实践来学习。[13]在有关通识教育的论争中,美国的独特贡献大概最好地被我所说的杜威的实用人文主义所理解:

> 世界上有很多差异,无论获得信息是否被当做最终的目标,或者作为思维训练的完整的部分。那种认为信息是在认识问题和解决问题的实践中累积起来,然后被用于思想的假设是错误的。智力需求的技巧就是需要智力援助的技巧,并非偶然地能够被放在逻辑思维中的信息就是思维过程所需要的信息。读书少的人因为他们的知识是在特殊的情况下掌握的,所以经常能有效地使用他们偶然掌握的零星知识;而那些受教育多的人却经常陷入大量的学习材料中,他们更多地忙于记忆而不是思考,记忆在获得知识方面是很有效的。[14]

正如杜威解释的那样,教育不是一种抽象或美学的东西。它是一个通过参与问题而得到理解的程序,通过积极参与问题的解决来提高学习效率。知识并不是作为应用模式的一部分来学习的唯一理论。杜威说,让一个人“意识到他的社会遗产”的唯一办法,“是使他能够完成那些使文明形成的基本类型的活动”。教育进步不只是用“学习的连续性来衡量，而是以新的姿态和新的兴趣、经验来衡量……教育必须是一种持续的经验重建”。那么，杜威的主题就是真正的知识的现代性，是经历自我恢复和社会行为中的能力。“如果我们仅仅能保证正确的思想和行为习惯，”他说，“参照真、善、美，感情将会最大限度地关照他们自己”。然而，“教育是在社会的意识中分享的规章”。[15]

和纽曼一样，杜威将对智力的定义看做是解决哲学观点的关键，也是教育的关键。当纽曼的宗教信念使他难以避免意识和身体之间的分裂，杜威将会什么结果都没有。行动、忍受、了解，都是综合意识作用的结果，而且是通过身体的活动的知识的结果，而不仅是美丽的头脑所进行的简单的沉思过程。学习对纽曼来说，是理论上属于身体以外的经验，对杜威来说，就是影响内脏的，运动的身体在不同的环境中发现问题，并假设和分享最后的结果。杜威把教学理论放到运动之中，认为将学习与发现和实验的过程联系起来非常重要。但他的理论在今天却被许多知识经济学家过于简单化了。

然而，埋头学习的过程需要解决如何与他人合作才能更好地完成自己的学习的问题。杜威的认识论不是客观唯物主义的经验主义，也不是基于复杂知觉的现象学。杜威的认识论是扎根于人类本质的概念，比德鲁克的认识论更具有有机的统一性。杜威认为，自然本身是一个相互联系的整体，社会本身是很民主的，社区是人类的交互作用所创造的基本的价值根源。简言之，杜威的人文主义体现出更多的乐观主义。他相信，当有问题的经验的本质能够在积极的研究循环出现过程中解决自身的问题，并且当理解的波浪中出现了“极点”，人们所期待的美学的时刻就会出现。在他的有机哲学中，现代主义者需要一种“顿悟”。

然而，杜威的学习理论推测，学习是以一种自然的好奇心提出愉快的、对社会有好处的探询。和纽曼一样，杜威崇尚思考的愉悦但不接受任何自我思考的固有道德。道德选择来自具体的情形，道德是通过价值竞争形成的思想功能。对杜威来说，绕过世俗和宗教的二元对立，使用创造力不仅是追求优雅的假说，更是能够整合对人类活动更宽泛的理解的思维习惯。

正如他在《人性和行为》一书中解释的那样,“功利主义……不关注提炼过去时光的蜂蜜,而是关注养育更优化的蜜蜂和正在建设的蜂房。毕竟,按照推理所预见的事物不能预报未来。功利主义就是探讨目前各种活动的意义和尽可能保证每个活动都具有同样的意义。我们不是天堂和地球的创造者……我们所关注的是从我们自身开始的全部活动的每个细小部分的重要性”。[16]他认为教育就是训练大脑总结经验的能力。杜威的现代主义带有很多浪漫的色彩,他将自己同那些唯心论知识理论和主观主义知识理论区别开来,把当时的感觉作为构成知识的一部分。他对意识的现象学没有很大的兴趣,他所感兴趣的是社会戏剧和主观的理解。知识不是未加修饰的纯理性的东西——他很清楚情感智慧——而是科学的东西,因为在一个民主社会里,普通常识就能够检查经验并设定理性要求的基本价值,民主社会能够容忍公开发表的意见,并使自身和社会之间的联系更加合理。

于是杜威绕开精神和躯体问题,并且认为理性能够通过其功能加以解释,因为理性本身不具备任何内在的价值。他对教育所持有的乐观的判断对自由民主社会价值观念的塑造起着至关重要的综合作用。作为新共和党人社会心理学的发言人,杜威已经成为当代学术领域的权威典范,虽然在知识更新换代日新月异的今天这种权威很容易被人遗忘。杜威的理论认为,教育应该解放人的大脑,使其更具创造力,使人生活得更加快乐,因为这种教育方式是通过其自然和文化的经验而发扬光大的。毫不奇怪,杜威的论点对今天关于教育的民主价值的理论发展,无疑起到了积极的推动作用。

但是作为一种教学理论,这种观点是极其诱惑人的,杜威强调头脑本身就能够专心致志地发现程序——正如在新的知识经济中那样。这就允许以应用来定义智力和以使用来定义头脑,这样就使教育的理想仅仅成为功能主义,尽管杜威的本意并不是这样。这不过是学习进程中跨过的一小步,从把学习作为获得自身和社会知识的进程到更高层次的学习,在更高的层次上,其重要性由理解自身的进程和可衡量的成果所决定。到了这一层次，所有知识都相互有联系，而且都是平等的，就像德鲁克所主张的那样，认为对学习的分类比学习本身更重要。功能主义的另一个自然的结果就是，学习程序的价值只能由我们来决定，就是要看我们能否确切地评估学习过程，而不是去极力描述创造性的智力表现。

我想这不是杜威所要的。今天，我们在争论本科教育的重点时很少涉及纽曼的心灵美学。但尽管金布尔等人所主张的乐观主义认为实用主义和通识教育都接近统一，但令我感到吃惊的是，我们也经常远离杜威所关注的“带有统一意义的现在的活动”：学习作为发现的重要性也经常表现为毫无异议地接受通识教育这一多愁善感的进程。我们已经正确地要求高等教育的多样化和对伦理和社区服务投入更多兴趣。但是这些理想在被简单地当成价值教授的时候，就仅仅成为按照正确的行为准则和所希望的结果建立社会的练习。

我们分割开的学位要求，也给学生留下很少的时间能把学习当做杜威所争辩的潜在地统一的经验。甚至当我们首先评价现有的学习理论时，我们经常回到一种方法上的唯物主义由分配要求确定的教育。今天，在科目学习、社会责任和工作领域的实践训练之间，确实有一种推定的联系。但我们经常更倾向于从事不惜代价融入社会的教育，而不是为了让社会变得更好。我们趋向于促进有生产力的公民的需求，而不是鼓励批评的、对社会有回应的、善于思考的个人主义，而且正是后一种关注推动了杜威的实用人文主义，也推动了今天的自由人文主义。简言之，杜威建议的民主的通识教育的理想与德鲁克的知识理论是有区别的，在市场上靠大学的努力来提高人力资本的重要性并不是那么容易。在一个很真实的环境中，杜威和市场是不能兼容的。因为有了后者，知识就被商品化为技能，而前者在加工和反映经验方面却一直是在变化的。

启蒙、现代性和真理

按杜威自己的说法,他的实用主义在当时是寻找“圆满”,而我怀疑是另外一个词,即能够历史性地总结理性文化的“启蒙”。但是启蒙在新千年的高等教育中有多重要呢?毕竟很少有社会机构比大学为满足公众需要和建设更加美好的社会而承担着更多的责任。美国人上大学不只是简单地为了提高他们的心智和发展批判性思维,而且还要学会如何做一个美国人。虽然,大学通常不会说做美国人是一件很复杂的工作,需要得到启蒙,是一种需要争论的身份,而很少是一个获得权利和取得经济独立的问题,以及适合一些可预见的甚至爱国的范式。问题经常在于通识教育在提供建构社会价值的教学方面是失败的。

那么美国的高等教育究竟如何才能复兴在民主社会成长进程中学习的知识的价值及其在市场中的商品价值呢?杜威的创造性智力理论会做这件工作吗?近年的通识教育毕竟没能达到抵抗市场力量的一致的理论或实践,尽管杜威的实用主义理论影响巨大。我们已经选择性地看过了杜威的理论——赞同在实践中学习——但却忽略了他的调和意图。经验的学习是令人羡慕的,但它不能使我们连贯地在文化上珍视大学的知识。

我们在发展本科课程方面是不是较少地关注社会使命而较多地关注传统教化会好一些呢?我们在意启蒙与理解我们自己的现代性有关吗?知识的现代性的主题作为教育理想与杜威的实用主义并非不协调。在过去三百多年中,在正规的文科教育中,现代性事业已广泛普及。文科教育,无论是规划性的还是非规划性的,都开始意识到在现代性事业中自身的位置和所投入的时间。

在解释启蒙教育与现代性项目之间的关系时,需要有一本专著对此进行论述,但作为18世纪所谓启蒙时代的衍生品,人们通常会对现代性事业的持续时间或终止时间提出质疑，因为我们对科学和对人类与自然之间不断增长的共生关系的了解日益加深。启蒙思想同时还告诉我们一个有力的，某种程度上甚至是乐观的有关文化发展的故事。启蒙思想对自然、进步、科学、社会改良、法律、美学、天赋人权、社会契约、认识论、民主理论等复杂问题进行了论述。事实上，启蒙思想通过运用理性确立了现代性的概念。我们也许发现在上个世纪之前及之后，重新建立这种信心是很难的，但只有极端保守主义者才会因此谴责这种理性的失败。不管20世纪以理性进步的名义多么剧烈地陷入了恐怖的冲突，我们都必须弄懂其意义，否则注定会重复它。

正如尤尔根·哈贝马斯(Jürgen Habermas)所说的那样，现代性本身是启蒙"未完成的事业"。这不仅仅是由于有些人认为理性因没能阻止残酷的战争和大屠杀而不再被信任，而是因为现代性总是对现在的复杂经验进行持续的评价，不仅与过去有关联，而且必须是得到更新而具有意义的运动。现代性的悖论在于，它从不停留足够久的时间，以便我们明白什么是现代以及什么不是。对我们来说，生活在消费推动的后现代世界是非常真实的，在这个世界里，有竞争的市场，有不稳定但有诱惑力的文化陈述，有多变的价值，以及声称对自己知道太多并能够确定知道什么的知识。

后现代时期的通识教育面对的挑战是，学生已经开始探讨现代性到底是怎么回事：现代理念的历史，其理论意义和历史意义——这是一种不管在什么时代都可以分享的经验。如果我们能为我们的社会使命做出适当的定义，如果我们要在思想问题、自由民主的需求以及对经济的服务之间建立紧密的联系，那我们就要确信我们能回答相关的问题，比如我们在什么地方、以什么样的方式接受了教育，我们接受了多少教育，以及我们的现代性是由什么组成的。

文化和真理

迷恋于现代性迟早会和文化问题联系起来。实用主义的认识论坚持认为我们应该了解文化价值是如何产生的,同时还要了解社会经验如何形成我们的认识和信念。我们在大学里谈论了很多关于现实的社会建设,社会机构的力量和我们所使用的语言如何定义价值。但是如果我们接受了注重实效的教学方法,那我们就没办法选择,只能批判地学习这种方法,并把它作为我们本科课程中讨论的话题,还要努力理解文化和社会之间的联系,以及我们如何塑造我们的价值和我们的价值如何塑造我们之间的联系。我们对社会责任面临的真正挑战了解甚少,甚至也不了解一个民主社会或任何其他类型的社会的力量如何运作。通识教育的课程毕竟是唯一能够探讨民主的快乐和不满的地方。以一种高度象征的方法使课程民主化的选择——比如关注处于社会边缘化的后殖民地文化——在近些时候一直在展示,并且是最重要的。但这也是对民主本身,以及民主试图塑造的文化的关注,对此我在最后一章还会有进一步的介绍。

对于学者来说,有兴趣在学院里创造一个民主社会的模型,并努力对社会产生影响,是很平常的事。但在学术界,为了分享实用的价值而协调多元文化,确实非常困难。文化的概念是带有挑战性的,因为他们提倡同一性而威胁到了社会的多元性。确实,文化这个词在学术领域出现得非常多,特别是在文化价值的传授不可避免地被大学社会使命所暗示的时候,因为这些价值看起来总是水火不容。特别是近期的文化战争为我们戏剧性地展示出来的,正是文化这个词本身很成问题的身份,至少在单方面是这样。在很大程度上,大学内和大学外关于通识学习和偏执学习的问题,是因为我们过分地将本科教育的政治定义理论化所引起的,因此不仅传授冲突而且还鼓励激烈的辩论。

《纽约时报》1998年刊登了文学与批评协会中非常突出的人物约翰·埃利斯(John Ellis)的一篇文章,题为“毒化知识之井”。[17]他号召“整个共同体关注教育”,改变人文学科的“现行正统学说”,因为“这是很丢人的事,大学再也不能忍受和保护”。埃利斯所指的正统学说,就是那些“粗鲁的还原论”所展示的东西,以及那些从事解构工作的后现代文化理论家们并非原创的所谓的思想。

在当代文化的主要批评家的文章中并不缺乏哲学的记忆——雅克·德里达、米歇尔·福柯、让-弗朗索瓦·利奥塔尔(Jean-François Lyotard)、汉斯-格奥尔格·加达默尔(Hans-Georg Gadamer)、哈贝马斯和弗里德里克·杰姆逊(Fredric Jameson)都是哲学家和文艺理论家——如果同意埃利斯的说法,那就是在学术界很少有人在临终的时候尚未完成他们的家庭作业并敢大声说出他们已经发明了意识形态的轮子。没有记忆的发明繁殖了夸张法——这些夸张没准还和学术批评的论调有关。但尽管后现代学者的成绩一贯受到尊重,也不是每个人都能接受作为普通通识教育的一部分的文化学习的重要性。文化的理论是社会认识论:我们怎样理解和描述人们一起做的事情,以及他们创造社会价值和习惯的方法呢?文化研究的领域,比如——收集文学和社会学的科目——处理社会中权力的循环及其展示。这是文化教学中很重要的部分,但经常被过于政治化地引用。批评浪漫文学在女性主体性建构中的作用,或者讨论购物中心被人操纵的设计,或者阅读后现代建筑设计模仿的风格,因为公司动机在详细解说权力的隐藏意义中是特别吸引人的练习。但这依然不能总是告诉我们文化为什么支撑社会而不是简单地操纵别人,它们即使在模糊和双重边缘的时候如何体现持续的价值。从来没有一种文化不带煽动性的并经常是危险的模糊性。目前文化研究中的两难局面是它还没有建立后现代文化——这种文化经常为了达到效果将一切没有缝隙地扔到一起的事,通常都带有商业动机——如何才能有一个显著地综合的或道德的动机。假设是它不会,因为没有主导性的叙述。简言之,一切都没有意义。而我们在高等教育中还没有放弃理性和启蒙,所以对很多人来说,“一切都没有意义”看起来是胡说八道。

这可能是一个文化问题,而不是学术的探究,但我们怀疑它是后者,因为我们对以调和论的方法定义知识没有多少兴趣。在大学的公司文化中,课程本身在市场产生的知识树上是多变的,当智力的叶子发生变化,课程也发生变化。我们自己的学术世界就是没完没了的课程描述之一,有人也许会说是知识的假象。传统的学业成绩和文化研究只是两个选择。但尽管市场本身看上去是由解构其价值的股东突发奇想给予动力的,真实的情况依然是,没有多少解构理论看上去能劝说每个人进出学术界,以至于真理的可能性已经到了尼采的上帝之路,或者文化相对主义居于绝对控制地位,或者道德的客观性不可能去定义。在美国文化中,上帝、解构和市场,结成了奇怪的伙伴,同居到了一起。与要了解文化是什么而不是文化做什么一起,有一个持续的需要,不让真理的概念排到下水沟里。但我们没有办法知道谁在文化事务方面比较接近真理,因为我们很少努力让科目相互结交。当然,单单如此并不能达到预期目的,但我的争论是关于课程,教和学,而不是要给上帝提供证据。那在普通通识教育中对真理本身的特别强调呢?这是文化阵营之间的那些聪明的读者的单独的社会责任吗?是修辞学家的责任吗?是那些信仰文化相对主义和自然培养的社会科学家和人文学者首先关注的事呢,还是那些坚持形而上学世界观或以更大的原则看待生命和自然的人文学者和科学家的视野?或者就像威尔逊(E. O. Wilson)所说的,即使美德也是遗传的。

当然,一个人不能把所有的相对主义者集中到一个营帐,也不能把所有的本质主义者集中到另一个营帐,同样也不能期望去做任何理论上公正的评判。但是一个人为了最终理解教育是关于知识本身的特点,能够有选择地讲授认识论和伦理学的定义。古人在他们的学术领域,并没有着急放弃对知识的讨论,尽管他们已经包含了我们几百年来所拥有的相同的理论基础。我们的文化战争已经在理想主义和现实主义之间、在人文主义和科学主义之间,以及在意识的冲突和信仰的冲突之间,建立了模糊的关系。现代大学已经成为不同学科中固有的理论冲突的游艺场。所以，以强调精神冲突的道德重要性的狂欢作乐方式来教授知识的理由，是能够说得过去的。

那些经历过文化战争主要战役的学者们，虽然已经在考虑过安逸的生活，但令他们感到麻烦的是战争还在继续。我们依然在打价值战。我们没有从结构知识和关注价值形成的高等教育中获得很多信心。当然，这种冲突将永远存在，特别是以多种方式体现出政治性。有人会说，在德里达给那些超验的能指加上可怕的号码时，形而上学并没有完全被解构。其他人依然相信，在邪恶帝国垮台之时，对总体哲学的追求并没有死亡。无论是在左翼，还是在右翼，我们都可以看到有标志表明我们在获取政治的抽象。但是在特别厌恶政治并想知道为什么会存在不同的观点时，我们怎样才能让通识教育保持政治性——也就是说，关注哪些价值是对的，哪些价值是错的——呢？

确实，带有讽刺意味的是，埃利斯暗示真理确实存在的文章被刊登在《时代周刊》的显要位置，紧挨着该刊另外一个讨论严肃的文化道德问题的栏目。里面登载的是《时代周刊》专栏作家弗兰克·里奇(Frank Rich)就1998年发生在阿肯色州的少年谋杀事件而写的文章。在这次事件中，有4个同学和一个老师被两名11岁和13岁的男孩伏击杀害。“他们为什么要杀人呢？”里奇问。他引用了阿肯色州州长重复国家枪支协会的说法，州长完全同意枪支协会的观点：“这不是枪支的问题，而是社会问题。”虽然他们大概是想说这是一个文化问题，如果确如丹尼尔·贝尔所说：“今天最惊人的事情是社会结构(技术经济的秩序)和文化之间的分离。前者是由被定义为效率和功能的理性观点的经济原则所控制的。后者是浪费的、杂乱的，由反理性和反智的脾气所支配，其中由于资本主义经济体系本身的运作，自我被似是而非地作为文化判断的试金石。”[18]

在努力理解发生在阿肯色州和科罗拉多州科伦芭茵高中这类悲剧事件的过程中(更不用说以后其他几个高中枪击事件)，人们努力将文化从社会中分裂出来——按照贝尔的观点，这种文化不仅能学到，而且还能买到，我们的价值和我们优先选择的道德活动，甚至我们“非理性的"本质。这个社会是由宪法、法律和社会规范以及市场所维持的,被设定为合理化的机构。市场中的达尔文主义的经济力量是否理性还不是很清楚,但我们可以假定——我认为很肯定——这种文化和社会之间的分裂,存在一个贝尔的论述之外的广泛支点,甚至定期表现在大学的文化战争中。

对于那些把文化(特别是通俗文化)看做是反理性的、杂乱的东西的人,以及把社会看成是理性和法律——这点人类活动我才更有可能控制——的基础的人来说,把罪恶、罪孽和负罪感限制在文化层面是很自然的事情,也许这种文化甚至不是我们自己的文化。(教职员经常对自己和管理部门这样做,管理部门也对教职员这样做,学科对学科,以及学术文化相互之间也都这样做。大学的劳动力分工毕竟已经创造了两种主要的学术文化:知识工作和管理工作。)如果我们愿意成为二元论者,就能够很轻易地这样做。我们也变得非常怀疑文化是否能提供一个可靠的价值体系。我们对文化的看法也是有矛盾的,因为我们知道它能够做坏事也可以做好事,它毕竟在内心里是非理性的。于是这位专栏作家弗兰克·里奇问他13岁的儿子,阿肯色州的凶杀案有没有可能"受电视动画片《南部公园》的影响……电视里的人物有没有可能教唆你们这么大的孩子杀人",他的儿子"轻蔑地"回答说,那个年轻的杀手仅仅是一个"坏人,它是'蝇王'"。他们(社会)需要找到一个解决方案,因为如果没有一个解决方案,就会出现混乱。他们不能责怪那些小孩,因为小孩被认为是无辜的。所以他们不得不责怪另外的人为他们自己找到简单的解决方案。这不是教养问题,而是人性问题——有些人是坏人。

如果罪行必须指定的话,我们就能精确地找到并且责备那些有罪的人,但表现作为人类行为主要驱动力的恶,是很简单的一步,这种表现就在我们的文化当中。无论以哪种方式,罪恶还是可以在清洗我们自己的文化或别人的文化的名义下,从各种例行习惯中找到。法律很快就能介入。发现这些小孩有罪,是因为其本能,甚至因为其原罪,这样我们就能够证明处罚是正当的。但是我们不能就此停止,我们得知道为什么,答案并不只是说人性是坏的。这便是老里奇的观点,而小里奇喜欢更加达尔文的观点。

谁都知道,关于罪恶和负罪感是不是文化的一部分,在国际上变得更加复杂,但它依然遵循着同样的文化道路。美国入侵阿富汗就不仅是简单地为了打击恐怖组织,或者报仇雪恨,或者抓住恶魔,尽管无论过去还是现在,都在拿这些借口说事。正如许多人认为的那样,它是在以一种奇怪的方式驱除伊斯兰文化。伊斯兰教毕竟不能简单地成为别的什么。在这个被西方宣告为广泛的全球相互依存的世界,伊斯兰教也不得不在某种程度上与自由民主价值进行协调。"9·11"恐怖事件在所有伊斯兰国家都可以被解释为对伊斯兰文化的支持。但有人随后不得不监督文化,因为它不能进行自我监督。后现代国际关系——有人争论为在发展中国家的"新西方殖民主义"——完全是关于文化焦虑,因为它们既是政治的,也是经济的。于是在阿富汗驱除恶魔的理由,就超越了所有可理解的安全考虑,即这是关于世界秩序的问题,是维持新的全球政治经济的需要。

这种入侵也许会以其处理方式证明(得到了伊斯兰国家和欧洲国家的支持,对"基地"组织实施"外科手术式"打击,表现出重建国家的良好意图),无论是西方还是东方,都能够微妙地作出道德区分,不像那些驾驶飞机撞入世贸大楼的人,那些当然是实施他们的文化圣战的人。他们特别能够分享文化价值,而不只是有联系的经济模式。但西方却很小心地说他们的侵略战争表面上不是一次圣战,因为这不是解决整个"邪恶"文化的方案——虽然有人很快就伊斯兰教的稳固动机写了不少文章,甚至还出了书——而是只涉及了这一文化中能够说明的一小部分(甚至是一种"原始的"部族文化)。然而,在伊斯兰国家,很多人要想理解这一点依然是很困难的。在中东,人们的心目中很少怀疑侵略的象征正是伊斯兰教受到打击,而不只是简单的"基地"组织。另外,同样重要的一种文化价值,不得不和一个人自己的身份及其诚实有关,很快滑到了一个远远超越了所谓对与错的地方。

我的观点是,任何激进的文化批评,军事的或者理论的,都充满危险,因为这涉及关于文化是什么和它的影响力有多大的矛盾,这个矛盾非常复杂,超出了一般的想象。仅仅教授文化差异是不够的,甚至只是简单地接受这种差异和忍受他人也是不够的。文化不是短期内可以形成的,我们也要进一步传授文化及其价值,有些事只能在大学里做,需要与政治学家、社会学家、人类学家、哲学家以及符号学家紧密合作。我们自己大学里的文化战争已经引发了很多愤怒,因为人们觉得他们的文化受到质疑,甚至他们的社会身份和学术名声也受到质疑。这些正是我们准备继续发动的沉闷的战争,除非我们能更集中于文化本身包罗万象的说法。

让我们回过头来再看看对杀害高中学生这一事件的一般社会反应。正如小里奇在他发表在《时代周刊》的文章中所暗示的那样,一个人依然会对马修·阿诺德维多利亚式的文化观点表示出奇妙的同情,我们能够在这里使社会变得更好,并打退无政府状态的混乱。文化本身并不坏,只是其中的一些人坏。弗兰克·里奇也同意他儿子的观点,说"虽然很少美国人喜欢这样大声说出来,孩子可能是邪恶的——或者,更加简洁地说是反社会者"。[19]这样,文化总体上是宽松的,在这里比较容易出现坏人坏事。那也是一个能拿出的简单的方法,说明文化本身确实不应受到谴责。无论是年轻人还是老年人,都可以在阅读文学中得到道德的洞察力,我们至少可以从这一事实中获得满足,因为小里奇已经完成了他的阅读。但文化一般化的问题在于知道如何读写,那些文章的内容(是书还是整个文化)如何创造了文化的意义。例如,小里奇已经阅读过的《蝇王》已经成为一本现代"经典",因为它没有把青少年犯罪和犯错误作为一种文化事实加以解构,而是简单地让坏种的理论成立,宗教的观点认为有些人就是属于邪恶的一类。亨利·詹姆斯(Henry James)的《拧螺丝》可以算是另一部现代经典作品,其中也没有认真考虑关于年轻人内心的邪恶问题,最后也没有想出解决这一问题的任何简单的办法。邪恶在人性的内部和外部都有,它是受环境影响的,而且作为一种现实的存在确实很模糊。邪恶时常就是一种解释,而且还有可能是凭空的想象。

没有人怀疑发生在阿肯色州或者科罗拉多(科伦芭茵中学的枪杀事件)的枪杀事件和发生在纽约的“9·11”事件的邪恶行为。但是我们如何判断关于这种行为的文化本质——以及关于邪恶本身——确实存在着很大的问题。道德的判断毕竟像我们在所有上述事件中所看到的那样,很容易和文化假设相联系,而检查这种联系的发生过程,对加强普通教育很有帮助。这是一种因其伦理的、哲学的、社会学的和政治的重要性被戏剧化了的公共问题。不管我们是否解释那些已经表现出来的和没有表现出来的邪恶——在人民、文化、族群(subgroups)等等中,我们都不能回避文化问题。里奇的文章就是展示关于人性是否能成为一种固有的东西或者我们是否因文化的原因而成为现在的样子的激烈辩论的很好的范例。本性与教育的问题关涉到我们文化中的恐惧和欣喜:恐惧我们不可避免地成为现在的样子,欣喜我们不会成为现在的样子;恐惧我们很大程度上由文化构成,欣喜我们能够使现在的样子得到改变。

小里奇认为这是本性的问题而不是后天教育的问题,这种看法使他父亲感到好一些。但我们对此不能感觉更好。把邪恶命名为反社会并不能减轻文化的罪过,因为毕竟文化依然能帮助邪恶的事业——即便是魔鬼也能成为那个事业的一部分。不管我们是否喜欢,文化依然非常复杂。这是我们感觉什么是邪恶的一个合适的储藏处。这也是其他好的和幸福的环境中的储藏处。它依然绝对是摩尼教二元论的,正好支撑那种反对推进文化战争的思想,并向我们表明我们过去几个世纪在解决哲学的客观性的两难局面方面已经取得了一点点很小的进步。

这样,不管一个人是否喜欢阅读的人文学科的著作,埃利斯关于当代学者旋转轮子的观点看起来是正确的。只要我们只是简单地争论冲突的价值而且能忽略价值的本质,我们就会旋转我们学术的轮子。文化和社会之间的分裂已经非常严重。文化是我们放置价值的地方,而社会则是我们努力以文明的方式生活的地方。以上分裂已经非常激烈地反应于学术圈内外。大学的使命忽略了文化。很多大学有自己的社会使命,但没有自己的文化使命,它应该两者兼有。大学在一定程度上能够忍受将文化作为教学科目,把传统的学习活动作为补充创造力的方法。正是社会和科学,过好生活的潜在原理,扮演着更为显眼的角色。当然,好的管理者不愿意承认这一点,也很少有教职员会承认这一点。但在人文学科传授“文化”所出现的悲惨状态,正是因为很少有理论家愿意把文化和社会放在一起所导致的结果。

但是这是另外一个讨论。我的观点是,大学传统地把美学、道德和智力文化作为艺术和人文学科的教学科目——这正是传统的麻烦所在,敏感而激进的人在这里漫游,教员在这里很可能是表现出很强的“政治”意识和不满情绪。另一方面,认知理性统治着社会科学和自然科学,因为社会科学专门讨论个人和社会如何被国家所支配和约束,包括国家仪式、行为习惯,以及诸如法律、福利、婚俗、保健、环境、儿童发展和经济等制度。大部分教职员愿意扮演这些角色。学校的科日,不一定要像从前那样合作提供对知识本质的连续的评论,是远离知识大家的多个小家。但是我认为,这样的教职员在坚持认为普通教育就是不得不提供的课程内容时,错过了要点。这也涉及了我们如何讨论精选案例研究等诸多问题,包括如何创造价值,如何发展民主的社会实践,如何明辨是非,如何珍视社会公正,以及如何理解我们从自然中学来的关于我们自己的知识。

简言之,普通通识教育确实是解决我们面临的文化的爱和怀疑的地方,也是解决我们在从事这种教育的过程中所使用的感伤的甚至令人迷惑的方式的地方。努力填补文化和社会之间的鸿沟,的确是通识教育的事。而填补这个鸿沟不仅需要通过赞美伟大的创造,还要实用地展示人类价值的形成过程。

第七章

民 主 教 育

文化和社会长期以来相互注视着穿越散播着哲学矿藏的空无一人的学术领地。在学术界,无数其他的基本问题也有复杂的生活:社会公正、真理、创造力的本质、文明的不满,等等。我们在建立大学通识教育课程方面的问题,并不只是如何通过学科回应那些热心于公司大学的知识经济问题。我们没有不厌其烦地把普通教育课程中解释各家理论的样板课拿出来。单一学科确实经常遇到一些很大的基本问题,至少从这门课程的角度看确实如此。我们的问题是,这些基本问题需要各学科共同解决。尽管本科生从未能听到所有复杂的原因,但我一直认为我们需要将通识教育以有节制但生动的方式集中于一个问题,即同我们生活密切相关的知识是由什么组成的,我们应当为此争论,并且提供有说服力的证据。不可避免地,我们也会参与知识分子之间的论战,比如在解释人类的行为到底是与生俱来的,还是在社会中慢慢形成的,或者一个意义是单一的还是多重的,文化和社会之间的关系是必然的因果关系,还是随意的偶然关系。这些论战最好还是早打,早打比晚打好,不仅简单地戏剧化为理论,而且来源于日常的实践活动:就像要使消息能够说得通,像理解战争的条件,等等。来自日常生活中矛盾文化的基本问题,以其过滤的、经常过度理论化的形式,在于学科及大众哲学的核心。不熟悉知识、争论和辩解在不同的情况下需采取不同的形式,最终会导致戏剧性的过于简单化、头绪不对,甚至在最后作出判断和形成主张的过程中出现不好的形而上学情形。

简言之,在大学里,通识教育越早能够处理依然存在的复杂关系,如文化与社会的关系,真理与现实的关系,语言与意义的关系,经验与观念的关系,等等,学生后来就越容易参加关于学习科目的争论,以及应用所需要的更专业化的观点。但我们最终如何使经验有意义(因为经验是完整的),与教育中的一两门课程关系不大,同普通教育的关系相对要大一些。我们总是要体验自己发展的世界观,即威廉·加斯(William Gass)所说的经验主义的轮廓。普通教育首先是关于经验主义的轮廓:我们如何发展我们理解世界的方法。这里不仅仅是要有观念,这还关系到我们在拥有这些观念的时候用它们来做什么。

大部分美国的教育者都好像推崇杜威哲学的认识论,认为该理论的轮廓不仅仅是有用。大概任何立场——形而上学的或经验主义的——将作为一个起点,因为我们所需要的一切正是这一点:一个从中能够戏剧性地表现问题和提出解决方案的视角。但是实用的手段强调,知识、真理和道德都要视我们如何应付特别的问题而定。在普通教育方面,我们不是在教授信仰,我们是在教授看问题和提问题的方法,以及如何解决“我们是谁”和“我们为什么在这里”这些问题,理解现代(或者后现代)是怎么回事,理解合理性的局限,以及自然中难以表述的东西和文化的特别复杂性。探讨这一理论表明,完成如此重大的任务超出了我们所有人的能力,聪明的做法大概就是谨慎地处理好一个严肃的议题,具体过程中要以实用为原则,以探究为基础,以问题为中心,以案例为参考。普通教育不只强调学科本身,而且还强调他们通常带有的问题,即知识和力量的问题。

这一点为什么重要呢?因为教育、民主和公共知识之间的联系是深深地根植于美国文化中的概念。毫不奇怪,正如伊丽莎白·凯利(Elizabeth Kelly)所说的那样,很多争取民主的斗争都是在大学里发生的。她说:

> 这里是产生、收集、分析和保护某种特别文化的历史记忆的地

> 方。大学作为一种机构，与其他公共和私有的舞台有着很大的不同，因为知识分子自治和学术自由的古老传统，已经正式地（如果不总是实质上）决定了追求知识和真理的方向。虽然这个历史很难说没有问题，高等教育的制度格局提供了现有的框架，个人能够在这个框架中思考、辩论，以及贯彻民主的公共知识的实际应用，以便报告一个更大的、正在进行的认识和扩大社会的、经济的和政治的可能性和选择的范围……
>
> 如果公共知识是所有的公民都可以获得的，而不是一种特权，如果大学是一个产生和传播知识的地方，那么就课程而展开的斗争确实成为争取民主的战斗。这一点涉及很多方面，首先是认识到作为知识分子究竟意味着什么，被左派和右派结合是否与民主本身相对立。此外，应该在关注知识分子的身份和责任这些方面，使争取民主的斗争介入“尚未”出现的乌托邦式的推动力和瓦克拉夫·哈维尔（Vaclav Havel）所描述的“真实的生活”之间的联系。这就要求我们无论何时，只要可能，就一定要始终乐于抓住“真理相对谎言的一面，意义相对废话的一面，正义相对非正义的一面”。[1]

如果说通识教育主要是解释这个世界上的存在，这个说法是能够说得过去的。我们在通识教育思考中存在的谬论就在于我们假定大学的理念一定是真正的大学的哲学，也就是牢牢盯着这一点的一套信仰或真理。一方面，纽曼的理念还钉得不深；另一方面，通识普通教育的理念本身就是一个不断进步的概念，是在棘手的文化、科学和社会两难中发现的进程，在这个进程中会遇到丰富的在智力方面带有挑战性及争论性的事物，就像我们启蒙前和启蒙时所了解的那样。学生所要学习的正是要作出令人信服的论述。大学的理念使我们能够很容易地对一些大事进行戏剧性的描述和探讨，比如我们如何了解事物的大问题，我们的文化如何影响我们形成自己的观点、价值和道德，以及找到其原因为什么有趣。

事实上，我们最近的文化战争已经错过了一个要点。我们的问题很大程度上不是漠视了关于美国文化的伟大著作或忽略了重要但脱离社会的声音或者所收集的不足的数据,而是我们回避了传授影响社会的重大问题,不管我们受什么文化的影响。传统的通识教育课程甚至在进入教室之前就有问题,因为其学科建设深深地受到了传统思维方式的影响。很清楚,对文化的定义并没有那么容易,比如对一位人类学家来说,文化已经超出其固有的功能;或者对一位英语教授来说,文化就是关于人们在任何时候任何地方所做的一切事情。虽然我们知道必须小心避免掉入巧妙的文化圈套,但我们还是把他们作为谴责和表扬的对象。我们能够戏剧性地描述不同的学科如何不同地看待文化,以及文化如何总是和社会存在着复杂的关系。如果从文化论战中出现了某一件事,特别是从最近对全球化的关注中出现,这种关系就自然不会更简单。我们经常感到不能恰当地定义文化或民主或任何其他我们挂在嘴边的概念,除非我们用视角主义的术语。

如果我们像丹尼尔·贝尔那样(我在这里提到他只是因为他对保守主义分析的明显影响),坚持文化是“维持一种身份的持续进程,这种身份的维持是通过凭借一种一贯的审美观点、一种自我道德观念和在家居与个人装饰物品及表达那些观点的品味中展示那些观念的一种生活方式获得的连贯性来进行的”,[2]那么我们关于文化在定义诸如通识教育中的作用问题就不会消失。这当然是有点走极端。但贝尔的新阿诺德式文化定义,同许多同时代保守的人文学者一样,在普通教育方案中并不罕见。这些方案不包括家庭装修课,但假定文化表示“感性、感情、道德勇气,及其寄寓这些情感的智慧”。这一观点很迷惑人也很前卫。它迷惑文化事务并倾向于使之脱离社会中的大多数人,这些人大概没能准确地开发感觉能力,也不能在灰尘弥漫中高雅地装修房子。

然而,学生更喜欢把我们今天所有人的生活同文化联系在一起,主要是后现代文化,也就是持续困扰我们的现代性。现代性本身也有几百年的历史:本质复杂、变化多端、煽动性强,带有浓重的商业色彩和美学神秘,可以用多种语言进行表述,内容包括从商业实践到犹太政治再到诗歌写作风格等各个方面,可以说是包罗万象。它的变化越多,我们把它简单化为道德或美学陈列的机会就越少。但问题不大是我们如何建构文化符号论,或者我们如何定义品味的问题,更多的是发问的问题:文化活动和文本如何服务于塑造文化行为?我们如何知道我们喜欢什么?我们为什么喜欢它?美学的意识形态到了什么程度?是什么(如果有的话)使文化变得民主?还有一些加强文化研究的领域的问题,比如,它们在任何完全彻底的通识教育中确实有自己的位置。它们也是我在本书中试图问的那些关于通识教育的本质及其文化内涵的那类问题,深深地带有公司术语学的痕迹。确实,一个人能够有力地争论,只有通过学术文化固有矛盾的学习,我们才能建立一个能够综合反映和解释文化与社会之间复杂性的文科课程。这就意味着在定义普通教育方面,艺术、人文学科和社会科学与自然科学(职业学校也一样)都需要建立一种共生的深刻关系。在给文化下定义方面,不只是艺术和人文学科起作用。

真理和修辞

民主的教育者必须加入争论的焦点是:文化教育如何才能是民主的教育?如何才能通过这一手段完成我们的社会使命?这便是我要在本章探讨的,因为没有什么比民主的自由更加宝贵,没有任何问题更接近大学的使命。但还会有人假定有一个关于民主的包罗万象的真理能够使事情变得简单。我们知道,真理本身的问题确实是一个顽固的东西。帮助推进古代学院教育论战的正是最基本的哲学问题:知识与真理的关系以及两者如何形成国家的权力。

我从来没有建议过让普通教育回到伊比鸠鲁的快乐。但迟早,我们会加入瓦克拉夫·哈维尔那样的人群去谈论真理。我们不清楚——或者应该想知道——他的意思是什么。学者们剧烈地改变了哲学的中心论题,使他们移到了这个主题,因为古代的智慧,知识——基于宗教的神话、正在成长的科学的经验主义、修辞的争论策略和命题逻辑的结合——看上去要夺取超越文化的优先权,如果是因为它只关注基本的东西的话。我们也许会让这件事再次发生,不管有没有宗教使之神话化,记住本世纪最异乎寻常的人类种族灭绝行为(不必提任何其他野蛮行为的例子)都是因为授予了文化超越真理的特权所引起的。另一方面,真理也有其严重的问题。但它和课程有关,没必要提起我们认为真实的知识体。正如杜威所指出的,又由理查德·罗蒂(Richard Rorty)补充的那样,真理和道德价值一样,产生于所处的具体情势之中。它不是一种超验的形式。它总是偶然出现而且是一种进步,总是对阐释开放。我们也许知道谋杀是坏事,但是我们总是得建构具体一次谋杀的真实性。这就是法律。真理不可能比公司责任更完满或更空洞,它可以加入各种社会内容,也可以从中退出。正如罗蒂所说的那样,"杜威认为……真理的实用理论就是'真理注重实用的感觉是真实的:它确实在发挥作用,努力排除各种困难,清理模糊,让个体进入较多的实验性、较少的教条主义、较少武断怀疑的生活关系中'"。[3]

杜威对真理的定义也可以被看做是对通识教育所作出的一个出色的定义,但我一直在争论的是,与关键话题和社会问题有关的真理的附带条件:国际形势,克隆的道德问题,《荒原》的意义,甚至伦勃朗的眼睛为什么具有极大的吸引力等等。学生们也许会有自己注重实效的发现,发现什么可能是真的和什么不是真的,他们将学会养成好的思想习惯,使他们成为负责任的公民而对人有用。所有这些都发生在教室里,当然我的目的绝不是为了保护那些已经熟知这些观点的人。但值得强调的是真理的文化条件及其作为特别关注对象在课程中的地位。文化和社会的理论都是要以有趣的方式经过真理理论的检验。比如,克林顿(Bill Cliton)总统是否在宣誓后还就他和莫尼卡·莱文斯基(Monica Lewinsky)的关系说谎,这已经成为定义性关系是否符合总统行为的公开争论。这不仅是简单的法律面前不坦率的问题,也不是总统的律师不坦率的问题。这是社会习俗不可避免的结果,在法庭上,真理不得不经过激烈的辩论,而不是简单地能够被发现。

然而，修辞也是通识教育课程中不可缺少的一部分。不管一个人是否同意总统对性的定义，因为问题的关键是他的辩论是否令人信服，而不是他说的是不是实话。真理不是一个理想，尽管说实话是理想主义的愿望。真理是我们经过不断探究到达的最后一步，我们相信具有可信的东西。真理就是在所有的异议都被回答了之后留下的东西。或者，就像罗蒂曾经指出的那样，真理“就是被异化和压抑的社会力量一旦被驱除后就会被人相信的东西”。

我的目的不是鼓吹真理的本质，而是建议真正的通识教育确实应该是理解说真话的过程：在叙述中如何说真话，那些叙述怎样起作用，我们怎么才能够阅读和解释它们。通识教育是将真理尽可能多地放在它们的文化内容中，以便帮助学生能够为新的真理而辩论。它是关于在这个辩论过程中阐述或者异化真理的社会力量，是关于决定真理本身的文化冲突。因此，它是我们在课程中保留的通识学习的过程，而不一定是学科中已经被接受了的真理，或者甚至是未经检验的社会美德清单。教育就是追求真理，不是愤世嫉俗者或虚无主义者的目标，而是寻找意义的过程，也是寻找可靠的证据的过程，以及进行深入的争论的过程。这样，真理就能与修辞并行，不是出于诡辩的动机，而是为了通过争论使知识得到验证。

那么，知识的可靠性就与其修辞内容有关，它在争论中的力量，为争论而进行的写作和讲演，及其对证据细节的应用：历史内容、结局、应用、数据，以及已知的功能，等等。在我们这个好怀疑的年代，也许不会再有这样的知识了，但许多赞成通识教育的学者都动情地说，理念的力量不是简单的建设或解构自身，而是有某种争论的弹性。在普通通识教育中，我们给在校学生提供修辞艺术，加入他们的争论，以便看我们是否能够组成一个作家群体。修辞训练我们生产出通过争论而实现民主化的知识。这就使大学非常有必要为共同的利益发展有用的知识，而不仅是为了个人利益或学科的利益。我们特别现实地建议，我们对大学使命中共同利益的定义，不仅仅是为别人做好事，或者做好人，而且还要为这种好人好事去争论。这便是作为通识学习结果的民主知识与仅仅具有交换价值的职业化的知识之间的根本差别。

为了民主的教育

通识教育转变为被称为民主教育的可能性是上一个世纪的高等教育提出的许多需求所引发的一个话题,这些要求包括紧跟戏剧性的社会和经济的变化,应对培养负责任的公民的挑战,适应群众教育规模的增大和新技术提供的普遍教育,以及全球经济的迅猛发展。一个人不禁要将通识学习的手段和目标作为与民主本身相关的手段和目标。

正如政治哲学家乔瓦尼·萨托利所说的那样:

> 政治体系都是人为的,但只有"现代"政治学才能有意义地说具有自己的意图,这就是说,被审慎地追求更好的生活(通常)所推动。但不愿看到的事实发生了,最终的结果同最初的意图往往相去甚远。"有意的政治"的内在风险确实是其自身的逆火,导致其结果与最初的意图完全相反。但这还不是自由民主的情形。我们的民主使人失望但并不是没有信义。这是因为自由民主是政治学的一种理论,包括其实践的理论,其中有目标也有手段。的确,自由民主不能靠赠与。[4]

为了自由民主的教育不能靠赠与,为了社会和经济目标的教育保证会吞食其手段。我们需要把文科定义为培养负责任的公民的教育,而不是简单的为了文化价值和文学内容而争斗的政治战场。虽然这一定义是有争议的。毫不奇怪,通识学习在有些人头脑中和20世纪60年代后期激进分子的政治有关,这些激进分子从事性别和文化研究,还通过没完没了的权利方案坚持社会工程学理论。今天的左派告诉我们,我们在高等教育领域面对的最重要的挑战就是"为了提供高尚的大众服务,把教学作为社会批评的一种形式……在鼓舞民主的大众文化方面扮演一个主要的角色”。[5]但右派想要清除这种坚持自由民主和资本主义文化的价值,把学术的世界看做道德问题的核心,庆幸其支持后现代主义与假定真、美和家庭价值已经消亡的课程。于是学术界经常被嘲笑用自传的争辩术来取代古典文学,用领导课程取代社会学,据说有人甚至把艾略特(T. S. Eliot)的诗剧《教堂谋杀案》当做研究管理风格的对象。

相对地很少有老师走向任何极端,特别是极左或极右的课程并没有像有些人期待的那样广为流传。但大部分学者都公开有自己的选择(以及他们的课程)。但学院还是很容易遭到批评,教职员已经将校园割据成为难以管理的微型系,所以我们就可以不用害怕任何干涉而回去喝酒,相互发发牢骚,眼看着有些道德文化营养不良的年轻人,面色苍白,像妖怪一样消瘦,直至死亡。

毫不奇怪,“自由”(liberal)这个词,特别是被限定在教育上的时候,在政治上显得很模糊,因为它意味着思想非常开放以至于让大脑走神。当然自由的头脑(the liberal mind)也不是指那种以激烈的方式匆忙决定需要什么的生硬的、禁欲的、新保守主义的思想,或者我们必须根据那些专门喜欢定期发表关于英语系学术生活荒诞文章的记者的文章来判定。

然而,与此同时,今天推动人文学科的一些(如果不是全部)能量和过去一样起源于社会科学规则,因为它是为了增加通识教育作为民主教育的影响。在艾米·古特曼(Amy Gutmann)、丹尼斯·汤普逊(Denis Thompson)、本杰明·巴伯(Benjamin Barber)、伊丽莎白·凯利、亨利·吉尔罗克斯,以及大卫·斯坦纳(David Steiner)这些学者的领导下[6],我们再次醒悟过来,呼吁民主的教育和公民权的培训,首先是杜威1916年在《民主和教育》中提出的。确实,民主的教育是我所描述的基础的通识教育的关键。有人可能会争论,比如,民主的教育要求在本科学习一些正式的基础课,包括法律、经济和政府在组织文化和社会方面如何相互适应。它要求具备一些知识来弄明白这些是怎样形成、传送、颂扬、阐释和分享的。民主毕竟是一个有意识的文化选择。

这样,除了列出的几个话题之外,本科课程能够在自由民主范围内直接选择一些关注市民责任的题目,比如社会机构和资本主义的历史的发展以及二者择一的体系,力量的社会建设,新国际经济和信息体系对国家地位的影响,全球相互依从的本质,大学里的知识如何以及为什么被组织成现在的样子,以及对民主的学习的影响。大部分学生离开学校时,并没有学到一门解释美国高等教育发展和组织的课程,也不明白他们为什么用自己的方式学习,所学课程怎样才能具有社会使命。我们很少传授我们的文化、社会和政治如何以及为什么被组织成现在的样子,以及知识的这种组织如何影响我们所学的东西。

如果我们不得不选择大部分人可能同意的现代大学的使命的一个方面,我怀疑它将会是支持美国生活方式的:名义上是自由民主、知识经济以及金融体系。那么很奇怪,我们很容易忽略以下事实,就是"共同利益"或者"健全社会"、"教养"、"自由"这些理念,确实需要作为民主社会的教育内容,以便保证他们的安全。民主的教育不是过多地讲述政治学(教室里的派性),而是讲述为政治创造条件的探究和辩论,这些条件也是我们的日常生活的条件。所以说,它就是哲学的、文化的,甚至从广义上来看是美学的。

任何民主的教育理论都同时包含着几件事:为了民主的教育,源于民主的价值的教育,以及使学习本身民主化的教育。第一点已经被广泛接受,这一理论阐明了大学使命的大部分内容。我们知道什么是民主,于是我们就为了民主而开展教育——民主的存在。当然,我们也要保证我们在美国所享受或希望享受的基本自由。但民主的理论本身比这更为复杂,正如学者们已经指出的那样。我们知道,谈论民主就是谈论追求人人平等的政治和保证个人公正和权利的政治和社会制度。但我们还会遇到很多问题,比如民主程度的问题:我们需要多少民主以及我们能够忍受多少民主?民主怎样说明自由和个性?怎样说明不平等、自由主义和市场等等。老把教育作为公共利益来谈,就是要假定我们并没有要使民主理论化,因为市场将为我们下定义。但那是非常危险的,正如我已经说过的那样,因为现行的市场对真正民主的高等教育体系根本没有传导性。如果民主就是一个政治体制,从定义来看就是其自己的过程,那么那个过程就决不是自己清楚就完了。民主的教育显然是基于公开的质询和争论,但是我们对民主的分析在我们能够促进它之前能走多远?民主的不满是盒子里的一部分吗?当然是,但我们得到的政治化的民主越多,我们好像选择致力于权利的领导技能的概念和课程活动也就越多,主要是因为他们告诉我们如何在民主中取得成功,甚至没有民主的理论究竟是什么。

因为拥有更具天主教色彩的视野,谈论第二个选择相对要容易些:民主的教育来源于民主的价值——特别是宪法的价值。这种说法当然也是有争议的,因为宪法本身就是有争议的,如同法律已经清楚地表明的那样。而且,选择民主的价值也可以是有选择性的。其中包括自由市场思想活动吗?有不受限制的辩论吗?存在自由资本主义吗?遇到过温和的抵抗吗?艾米·古特曼已经英明地指出:“由于教育的民主理想是自觉的社会再生产……教育可能会被更广泛地用来解释使我们成为现在这个样子的所有社会影响。”[7]所以我们应该看看我们所有的价值,不管是否有争议,这些价值让路给亨利·吉尔罗克斯和一些在今天的高等教育中更进步的理论家。吉尔罗克斯用更加带有修辞性的语言解释了教育的使命:高等教育应当清楚地否定这样的说法,即“赚取利润是民主的唯一目的,积累物质是过上好生活的基本前提……通过集中了解权威和权力如何塑造知识,如何传授更广泛的社会价值提供保护,可以防止将公民权技能转变为工作的训练场所,文化如何工作以加入特别的代理形式……(我们能够)重申确认课程作为批评、相互批评和社会斗争的场所的重要性”。[8]

大学的社会使命问题,当然是充满了价值判断,即使在不情愿把如何作出那些判断的信息弄清楚的时候也一样。好奇心在建立社会价值方面会走多远?民主的教育应该有多少关于社会斗争的内容?我问这些问题是因为我知道很少有学校宣传说他们最好意的说辞就是社会变化。的确只有27%的教员在回答第一章提到的调查时相信应把“帮助学生学会在美国社会生活”作为优先的选择。

近年来民主教育的概念已经走到前台,基本上是由那些坚持认为大学校园应当反映多样化的教员推崇的多元文化主义所推动。这里所说的多元文化主义不仅是指学校构成的多元化,而且要最大限度地反映美国社会的多元化。正如我们大家都知道的那样,这一观点已经引发很多的争论,这些问题包括,课程中是否应平等地展现所有的文化实践,以及学生和教职员工是否应该自动地获得由性别决定的特权,性别优先,或肤色优先。今天我们更频繁地听到人们对民主教育的定义的关注。这里的民主教育不仅强调精确的社会再生产,而且还强调普通的全球公民身份。讲到共同利益,要求我们把普通教育放在首位,不仅是其文化构成的深层争论,而且还包括生活在这个边界戏剧性地萎缩的世界上所要体会的各种感受。

这便是古特曼《民主的教育》所传递的信息。她解释说,民主教育

> 支持基于尊重个人及其公民平等权的"认可政治学",这种政治学并不是建立在沿袭传统、集团代表制或幸存的文化权等基础之上……所以,民主教育不应该将其视野限制于单一的社会。它应该鼓励学生考虑同所有人分享作为公民和社团成员应该分享的这些权利,并且承担起相应的责任和义务。既然是说所有人,就不必考虑其公民权。培养相互尊重必然要求相互理解,不仅是理解从教师和学生提出的关于构成健全生活的概念所依赖的东西,而且还要理解人们的特性,包括他们所过的生活,以及他们对健全生活的看法。[9]

虽然这里带有讽刺意味的是,我们越是要表现出自己的特殊性,就越容易变得抽象。一个人确实能够以很好的理由争论,对民主教育所作出的开明的、政治上缓和的定义,开始于对个性的承认。它包括尊重个人的才干,不管这种才干是大还是小。其最终目标是要承认全球的市民社会,这种朝拜在美国的历史中并非异常。

但是仅仅做到承认还是不够的。广义上的民主教育虽然有其地位,但很容易被花言巧语所同化,尽管古特曼在她的著作中没有这么

说。正如吉尔罗克斯一直追问的那样,有多少校园实际上在把社会斗争和严肃的文化批评的辩证法作为普通教育的一部分来教授呢?作为他们的普通教育的一部分,有多少人要求学生为了理解其矛盾而对资本和自由民主本身提出批评呢?我确实认为,我们总是在谴责后现代主义,因为批评可预见的意识形态成果本身就显得太古老。这种方法在苏格拉底就好公民所应承担的责任向学生提问时是管用的,因为他自己知道问题的答案,而一种特别的回答,超过目标开放的学习过程,在苏格拉底的思想里大概是至高无上的。在我们这个时代,由于不断变化的视角主义(perspectivism),再也没有人能回答这个问题。但在今天的教室里还是不得不回答这样的问题,或者民主教育理论固有的诡辩轻易地让路给本杰明·巴伯值得纪念地称之为“每个人的贵族气派”的东西:[10]即教授专门设计为让我们自我感觉良好并为任何发财的手段辩护的私有化了的道德要求。公共的民主教育的本质,不单是关于带有理论上的世界主义和美学价值的沉思生活。所以它不仅是关于教授善的,不仅是关于社区学习经验的,也不仅是关于不能主动检查文化的组成和发展方式的公民约定的。它是关于教育学生,特别是在本科普通教育,积极参与对民主的不满和欢喜的辩论的。

于是我们到了对民主教育的第三种定义,也是最有争议的定义:一种使学习本身民主化的教育。民主化的学习意味着在开放的学院里做很多事,把公开对待社会主题和公开接受文化批评作为教育的基本功能,还意味着公开讨论政治教育。高等教育,如果想成为民主教育的话,从其本质上说是政治的。它意味着民主化学习就是集中于什么使学习确实对所有人都重要。然后我们如何衡量政治教育的辩证过程呢?这一过程从头至尾和结果一样重要吗?民主学习的重要教学方法是什么呢?毕竟,如果学习和对头脑的某种培训对我们的多重使命的所有方面——即我们的社会使命的合理整合——都很关键的话,那么为了保证成功而对头脑的培训——因为我们不能不重视“头脑”——是怎么回事呢?头脑里面有什么特别的习惯能推动思考并创造价值而不是仅仅买进那里的东西呢?

一个可能的答案就是,思想批评几乎等同于从惨痛的经验中学会的探究习惯,通过发现事实和全面了解学术辩论报告,通过从字里行间仔细阅读,通过小心地得出结论或发现某些条件不具备而不能得出结论。但现代大学在公开陈述中使自己理论化的努力一直半心半意,一个重要原因便是,它对教育的非政治化更感兴趣,以及把创造一套打了折扣的民主(和爱国)美德作为学习成果。直到本科教育受到关注以前,高等教育理论中意识形态的主流经常特别空洞,没有任何关于思想自然颠覆的线索,也没有除了让学生和家长满足于现状外的任何社会议程,以至于我们今天倾向于讨论关于民主教育使命表述中修辞的应用问题。

民主教育必须确实做到我在上面所列出的所有三件事情。首先,民主教育必须是为了民主的教育,大大有利于公正社会——但它不能确定社会是否公正。第二,它必须为其手段和目标进行辩论。它必须来源于理念的历史,来自长期的民主价值和实践,其中包括辩论和批判能力,以及宽容模糊性。第三,它必须参与民主的社会进程,不仅要展示一种认识到其他人权利的道德优先并且接受他们,而且还要鼓励争论和文化批评。简言之,大学教育是民主教育,因为它一直在调停自由民主政治和资本主义文化的冲突。我认为,其定义走的正是那些支持适度改革的发言人之间的中庸之道,这些人包括专心于普通的典雅语言的人,以及那些把教育主要看做社会斗争和变化的人。如果高等教育确实是我们能够再造社会的地方——这一点连相对保守的学者也同意——它也就一定是能够热烈讨论民主教育本身的地方。

当然,很少有大学打算把他们的使命确定为坚决反对商业价值、财富积累和社会压迫(虽然这种压迫也许是诚实的),他们也不会说大学四年的学习就是接受上帝的洗脑训练,是学生学会就矛盾展开辩论,并且学会看待民主生活的真正价值。公开辩论可能使我们对自己顽固坚持的价值观作出妥协,也可能使我们感到不舒服,但很少大学(如果有的话)会告诉我们,仅仅靠这种辩论就能推动民主社会的繁荣。大学不会对形成知识和文化的力量下定义,不会说仅靠学校的培训就足够好,也不会说学校就是“批评、相互批评和社会斗争的场所”。现实的情况是,不管这种说法多么诱人,也不过是关于大学使命表述的一条带有很强政治色彩的口号。很多人甚至还会强调古特曼所说的政治教育,也就是说“在道德社会里,公共教育的首要目的是道德,而不是其他”。[11]大学只有把重要的基本民主价值——包括明达而富于生机的讨论,疑难问题的解决,批评的展开,以及意识到知识就是权力——作为其使命(含有适当的修辞色彩)的一部分,它才能够解释,在使学生投入教育产业以创造民主价值的过程中如何获致这些民主价值。

英汉译名对照

Academic freedom 学术自由
American Association of University Professors 美国大学教授协会
Aristotle, Rhetoric 亚里士多德,修辞
Arkansas high school killings 阿肯色高中枪杀事件
Arnold, Matthew, Culture and Anarchy 马修·阿诺德,《文化与无政府状态》
Aronowitz, Stanley 斯坦利·阿罗诺维茨
assessment 评估
Astin, Alexander 亚历山大·阿斯廷

Barber, Benjamin 本杰明·巴博
Barrow, Clyde 克莱德·巴罗
Baudrillard, Jean 让·鲍德里亚
Bell, Daniel, cultural contradictions 丹尼尔·贝尔,文化矛盾
Bender, Thomas 托马斯·本德
Berlin, University 柏林大学
Bourdieu, Pierre 皮埃尔·布尔迪厄
Boyer, Ernest 欧内斯特·博伊尔

Carlin, James E. 詹姆斯 · 卡林
Carstensen, Peter 彼得 · 加斯坦森
Columbine High School killings 科伦芭茵高中枪杀事件
community colleges 社区学院
Cornel University 康奈尔大学
cultural studies 文化研究
culture wars 文化战争
Cureton, Jeanette 珍尼特 · 克里顿

deconstruction theory 解构理论
Derrida, Jacques 雅克 · 德里达
Dewey, John 约翰 · 杜威
Drucker, Peter 彼得 · 德鲁克
Duderstadt, James J. 詹姆斯 · 杜德斯塔特

Eliot, T. S. T. S. 艾略特
Ellis, John 约翰 · 埃利斯
Enlightenment, the 启蒙
Epicureanism 伊比鸠鲁学说
ethics 道德规范

Foucault, Michel 米歇尔 · 福柯

Geertz, Clifford 克利福德 · 格尔茨
Giroux, Henry 亨利 · 吉尔罗克斯
Golding, William 威廉 · 戈尔丁
Graff, Gerald 杰拉尔德 · 格拉夫
Guilory, John 约翰 · 吉洛里
Gutmann, Amy 艾米 · 古特曼

Habermas, Jürgen 尤尔根·哈贝马斯
Hansmann, Henry 亨利·汉斯曼
Hartle, Terry 特里·哈特尔
Harvard College 哈佛学院
Harvard "Red Book" Report 哈佛"红皮书"报告
Harvey, David 大卫·哈维
Havel, Vaclav 瓦克拉夫·哈维尔
Hersh, Richard 里查德·赫什

Islam 伊斯兰教
Isocrates 伊索克拉兹

Jameson, Fredric 弗里德里克·杰姆逊
Johns Hopkins University 约翰·霍普金斯大学

Kant, Immanuel 伊曼纽尔·康德
Katz, Michael 迈克尔·卡茨
Kelly, Elizabeth 伊丽莎白·凯利
Kimball, Bruce 布鲁斯·金布尔

Labaree, David 大卫·拉巴里
land grant universities 政府赠地大学
Langenberg, Donald 唐纳德·兰根伯格
Lazerson, Marvin 马文·莱泽森
Levine, Arthur 亚瑟·莱文
Levine, David O. 大卫·莱文
liberal arts, humanities 文科,人文学科
liberal arts colleges 文理学院
liberal education 通识教育

logos 逻各斯,道
Lucas, Christopher 克里斯托夫 · 卢卡斯

McKeon, Richard 里查德 · 麦基翁
Marchese, Ted 特德 · 马奇斯
Marx, Karl 卡尔 · 马克思
Mather, Cotton 科顿 · 马瑟
Menand, Louis 路易斯 · 梅南德
Morrill Acts 莫里尔法案

Neef, Dale 戴尔 · 尼夫
Newman, John Henry 约翰 · 亨利 · 纽曼
Nussbaum, Martha 马撒 · 努斯鲍姆

Plato, the Laws 柏拉图,《法律篇》

Ramist logic 拉米斯逻辑
Readings, Bill 比尔 · 里丁斯
Rich, Frank 弗兰克 · 里奇
Rorty, Richard 理查德 · 罗蒂
Rudolph, Frederick 弗里德里克 · 鲁道夫
Ryan, Alan 艾伦 · 瑞安

Sandel, Michael 迈克尔 · 桑德尔
Sartori, Giovanni 乔瓦尼 · 萨托利
Slevin, James 詹姆斯 · 斯莱文
Snow, C. P. C. P. 斯诺
Socrates 苏格拉底
Sophism 诡辩

Starr, S. Frederick 弗里德里克 · 斯塔尔

Steiner, David 大卫 · 斯坦纳

Stimpson, Catherine R. 凯瑟琳 · 斯廷普森

Stoicism 斯多葛学派

Thompson, Denis 丹尼斯 · 汤普森

Thompson, John B. 约翰 · 汤普森

Thurow, Lester 莱斯特 · 瑟罗

Vassar College 瓦萨学院,位于美国纽约州,创建于 1861 年,原为女子学院,罗斯福总统夫人曾在此任教。

Veblen, Thorstein 索尔斯坦 · 维布伦

Veysey, Laurence 劳伦斯 · 维塞

Von Humboldt, Alexander 亚历山大 · 冯 · 洪堡

Washington, George 乔治 · 华盛顿

Western civilization 西方文明

Winston, Gordon 戈登 · 温斯顿

Wu, Amy 艾米 · 吴

Yale Report 耶鲁报告

注　释

前言

[1] 见 Lewis M. Branscomb, Fumio Kodama 和 Richard Florida, eds., *Industrializing Knowledge: University-Industry Linkages in Japan and United States* (Cambridge: MIT Press, 1999); James S. Fairweather, *Entrepreneurship and Higher Education* (Washington, D.C.: Association for the Study of Higher Education, 1988); Roger L. Geiger, *To Advance Knowledge: The Growth of American Research Universities, 1900—1940* (New York: Oxford University Press, 1986); Roger L. Geiger, *Research and Relevant Knowledge: American Research Universities Since World War II* (New York: Oxford University Press 1993); Hugh Davis Graham and Nancy Diamond, *The Rise of American Research Universities: Elites and Challenges in the Postwar Era* (Baltimore: Johns Hopkins University Press, 1997); Merle Jacob and Tomas Hellstrom, *The Future of Knowledge Production in the Academy* (Buckingham, U.K.: Society for Research into Higher Education & Open University Press, 2000); Martin Kenney, *Biotechnology: The University-Industrial Complex* (New Haven: Yale University Press, 1986); William Massy, *Leveraged Learning: Technology's Role in Restructuring Higher Education* (Stanford: Stanford Forum for Higher Education Futures, 1995); Sheila Slaughter and Larry L. Leslie, *Academic Capitalism: Politics, Policies, and the Entrepreneurial University* (Baltimore: Johns Hopkins University Press, 1997); John Wilson, *Academic Science, Higher Education, and the Federal Government, 1950—1983* (Chicago: University of Chicago Press, 1983).

[2] 特别推荐本书即将完成时出版的两本著作：Henry A. Giroux and Kostas Myrsiades, eds., *Beyond the Corporate University: Culture and Pedagogy in the New Millennium* (Lanham, Md.: Row-man and Littlefield, 2001); Stanley Aronowitz, *The Knowledge Factory: Dismantling the Corporate University and Creating True Higher Learning*(New York: Beacon Press, 2001).

[3] 很多著作考察了美国大学的道德沦丧. 课程水准下降和整体不振。本书主要参考了其中一本分析当代美国大学的学术著作：Bill Readings, *The university in Ruins* (Cambridge: Harvard University Press, 1996).

第一章　市场文化中的复合使命

[1] 关于美国高等教育的有用的历史著作包括 Laurence R, Vey-sey, *The Emergence of the American University* (Chicago: University of Chicago Press, 1965); Frederick Rudolph, *The American College and University: A History* (Athens: University of Georgia Press); Christopher J. Lucas, *American Higher Education: A History* (New York: St. Mar in's Press, 1994); Michael B. Katz, *Reconstructing American Education* (Cambridge; Harvard University Press, 1987).

[2] 引自 Lucas, *American Higher Education*, 181.

[3] 见Roger L. Geiger, *To Advance Knowledge: The Growth of American Research Universities, 1900—1940* (New York: Oxford University Press, 1986), 2.

[4] 来源：National Science Foundation, 引自 *Chronicle of Higher Education*, March 1, 2002.

[5] 丹佛大学的使命宣言。

[6] 以下大学的使命宣言：Vanderbilt, Rice, Drexel, Penn State, Cincinnati, the Maryland system, Cal Poly Pomona, Western Michigan, Wayne State, North Texas, Central Florida, Utah, Middle Tennessee State, University of Massachusetts at Boston, Southern Methodist, the Georgia State system, Washington University in Saint Louis, Colorado at Boulder, Nevada at Las Vegas, San Diego, Alfred, Iowa, the Wisconsin state system, Saint Joseph's, Cal Sate Fullerton, San Francisco State, South Arkansas, Clemson, and Oregon State.

[7] James J. Duderstadt, *A University for the 21st Century* (Ann Arbor: University of Michigan Press, 2000), 333—34.

[8] Ibid., 51—52.

[9] Richard Hersh 的调查结果发表于 *Change*, March/April, 1997, 16—23.

[10] Denise K. Magner, "Faculty Highlights Drift from Western Canon," *Chronicle of Higher Education*, September 13,1996, and Denise K. Magner, "A New Report Details the Graying of America's Professoriate," *Chronicle of Higher Education*, August 30,1999.

[11] Pierre Bourdieu, "The Market of Symbolic Goods," *Poetics* 14 (1985).

[12] Christopher Lucas, *Crisis in the Academy* (New York: St. Martin's, 1996),88.

[13] Lester Thurow, *The Future of Capitalism* (New York: William Morrow, 1996), 276—77.

[14] See Benjamin Barber, *Strong Democracy: Participatory Politics for a New Age* (Berkeley: University of California Press, 1984).

[15] 统计来源:美国教育部, *Digest of Educational Statistics*, *1977*, tables 241,244.

[16] *Digest of Educational Statistics*, *2000*, Introduction (美国政府教育统计全国中心, http://nces.ed.gov/pubs2001/digest).

[17] "Evaluation and the Academy: Are we Doing the Right Thing? Grade Inflation and Letters of Recommendation," 10, a report from the American Academy of Arts and Sciences by Henry Rosovsky and Matthew Hartley, available on-line at www.amacad.org.

[18] 引自 Thomas Bender, "Politics, Intellect, and the American University," in Thomas Bender and Carl Schoraske, eds., *American Academic Culture in Transformation* (Princeton: Princeton University Press,1998), 21.

[19] Giovanni Sartori, *The Theory of Democracy Revisited—Part Two: The Classical Issues*, (Chatham, N. J.: Chatham House, 1987),410.

[20] Daniel Bell, *The Cultural Contradictions of Capitalism* (New York: Basic Books, 1996), 14—15.

第二章 大学的消费主义文化

[1] Amy Wu, "Scrimping on College Has Its Own Price," *New York Times*, March 3, 1996,12.

[2] 美国教育部, *Digest of Educational Statistics*, *1997*, 324.

[3] *Digest of Educational Statistics*, *2000*, chapter3, "Postsecondary Education."

[4] *Wall Street Journal*, October 10, 1994.

[5] Peter David, "Inside the Knowledge Factory," *The Economist*, October 4, 1997.

[6] Stephen Burd, *Chronicle of Higher Education*, 2002 年 1 月 7 日(星期一)在线文章称"报告发现大部分私立学院都不接纳贫困学生"。该报告由 Lumina 基金会提交。全国独立学院和大学协会(NAICU)会长 David L. Warren 反驳说,1999—2000 学年私立机构向学生提供了 80 亿美元的援助,"超出了联邦和州政府提供的援助"。Lumina 基金会认为,"学院和大学向校董会和美国教育部提供的数据表明,大部分独立学院上报的给低收入学生的援助金额都高出实际的两到三倍。虚报数字是为了包装需要"。以上引自 Burd 的报告。报告的题目是"Unequal Opportunity: Disparities in College Access Among the 50 States," 网址: www. luminafoundation. org.

[7] Arthur Levine, "How the Academic Profession Is Changing," *Daedalus*, Fall 1997 (*The American Academic Profession*), 6.

[8] *Digest of Educational Statistics*, *2000*, table175.

[9] Ibid., Ttable 184.

[10] Arthur Levine and Jeanette S. Cureton, "Collegiate Life: An Obituary," *Change: The Magazine of Higher Learning*, May/June 1998,15. See also their book, *When Hope and Fear Collide: A Portrait of Today's College Student* (San Francisco: Jossey-Bass,1998).

[11] Levine and Cureton, "Collegiate Life: An Obituary," 7—8.

[12] Ibid., 15.

[13] Leslie Berger, "The Therapy Generation," *New York Times*, January 13,2002, Education Life 在线版.

[14] Levine and Cureton, "College Life: An Obituary," 9.

[15] Ted Marchese, "Disengaged Students II," *Change*, March/April 1998, 4 and May/June, 1998, 4.

[16] 见"The Burden of Borrowing", Higher Education Project of the State Public Interest Research Groups 的报告, March 2002. 以及 Alex P. Kellogg, "New Report on Student-Loan Data Finds Debt Loads Burdensome for Many Graduates," *Chronicle of Higher Education*, on-line edition, Friday, March 8,2002; and Diana Jean Schemo, "More Graduates Mired in Debt, Survey Finds", *New York Times*, March 8,2002, on-line edition.

[17] 见 Richard Light, *Making the Most of College: Students Speak Their Minds* (Cam-

bridge: Harvard University Press, 2001)

[18] Donald N. Langenberg, "Diplomas and Degrees Are Obsolescent," *Chronicle of Higher Education*, September 12, 1997, A64.

[19] Ibid., 175.

[20] Lisa Guernsey, "Tuition Costs Continue to Outpace Median Incomes, Report Says," *Chronicle of Higher Education*, September 6, 1996, A59.

[21] The College Board, *Trends in College Pricing 2000*, table5 and figure 6.

[22] Yilu Zhao, "As College Endowments Dwindle, Big Tuition Increases Fill the Void," *New York Times*, February 22,2002,在线版.

[23] Andrew Brownstein, "Tuition Rises Faster than Inflation, and Faster than in Previous Year, *Chronicle of Higher Education*, October 27,2000.

[24] 在本书写作过程中,国会正在审核将 Pell 援助金提高到 5000 美元,但不太可能对学生选择私立学校产生很大的变化。

[25] The College Board, *Trends in College Pricing 2000*, table 6 and figure 5.

[26] Julianne Basinger, "Two Studies Describe Growth in Student-Loan Debt since 1992," *Chronicle of Higher Education*, November 14, 1997.

[27] Ibid.

[28] Schemo,"More Graduates Mired in Debt."

[29] 引自 Kellogg, "New Report on Student-Loan Data"(see note 16), an article reporting on "The Burden of Borrowing."

[30] *Chronicle of Higher Education*,"Daily News," August 28, 1997:"Recent College Graduates Are Deep in Debt but Have Good Job Prospects, Study Finds,"在线版. 摘要自报告"Now What? Life After College for Recent Graduates" by the Institute for Higher Education Policy.

[31] Schemo,"More Graduates Mired in Debt."

[32] 来源: Jacqueline E. King. "Too Many Students Are Holding Jobs for Too Many Hours," *Chronicle of Higher Education*,May 1,1998, A72. King 是美国教育委员会联邦政策分析部的主任。

[33] Terry W. Hartle, "How People Pay for College: A Dramatic Shift," *Chronicle of Higher Education*, November 9,1994, A52.

[34] Mary Geraghty, "More Students Quitting College Before Sophomore Year, Data Show," *Chronicle of Higher Education*,July 19, 1996, A35.

[35] David Labaree, *How to Succeed in School Without Really Learning: The Credentials Race in American Higher Education* (New Haven: Yale University Press, 1997) 1—13.

[36] The College Board, *Trends in College Pricing 2000*, figure 1.

[37] *Digest of Educational Statistics 1997*, 173 and tables 172, 181.

[38] Arthur M. Hauptman and Jamie P. Merisotis, "The College Tuition Spiral: An Examination of Why Charges Are Increasing," American Council on Education (New York: Macmillan, 1990).

[39] The College Board, *Trends in College Pricing 2000*, Introduction.

[40] Leo Reisberg, "Survey Finds Growth in Tuition 'Discounting' by Private Colleges," *Chronicle of Higher Education*, March 13, 1998.

[41] 见 Michele N-K. Collison, "Private Colleges Unveil Tuition Discounts and Loans to Woo Middle-Income Students," *Chronicle of Higher Education*, June 24, 1992; Steve Stecklow, "Colleges Manipulate Financial-Aid Offers, Shortchanging Many, " *Wall Street Journal*, April 1, 1996; Christopher Shea, "Sweetening the Pot for the Best Students," *Chronicle of Higher Education*, May 17, 1996; Andrew Delbanco, "Scholarships for the Rich," *New York Times Magazine*, September 1, 1996; Ben Gose, "Colleges Turn to 'Leveraging' to Attract Well-Off Students," *Chronicle of Higher Education*, September 13, 1996; Peter Passel, "Rise in Merit-Based Aid Alters College Market Landscape," *New York Times*, April 9, 1997; Ben Gose, "Recent Shifts on Aid by Elite Colleges Signal New Push to Help the Middle Class," *Chronicle of Higher Education*, March 6, 1998; Ethan Bronner, "Universities Giving Less Financial Aid on Basis of Need," *New York Times*, June 21, 1998. 美国学院和大学援助的权威账目报告可见两位经济学家兼管理人员的两部著作,即 Michael S. McPherson and Morton Owen Schapiro, *Keeping College Affordable: Government and Educational Opportunity* (Washington: Brookings Institution, 1991), and *The Student Aid Game: Meeting Need and Rewarding Talent in American Higher Education* (Princeton: Princeton University Press, 1998). 后者介绍了一些关于以成绩为基础的援助的最新发展情况.

[42] 见 Eric Hoover, "28 Private Colleges Agree to Use Common Approaches to Student Aid," *Chronicle of Higher Education*, July 20, 2001.

[43] Macalaster College 院长 Michael S. McPherson 的主张, cited in ibid.

[44] Ibid.

[45] Peter Carstensen, "Colleges and Student Aid: Collusion or Competition?" *Chronicle of Higher Education*, August 10, 2001.

[46] 来源：*Chronicle of Higher Education* Website infobank, 6/25/98. 1997年援助最多的10所学院援助总额近500亿美元。

[47] John L. Pulley, "No Gain, Slight Pain," *Chronicle of Higher Education*, March 16, 2001.

[48] 见McPherson and Schapiro, *The Student Aid Game*. 根据他们的研究，富裕的学生大都选择知名大学而不选择小的学院。

[49] "The Halls of Ivy Imitate Halls of Commerce," *Wall Street Journal*, October 10, 1994.

[50] 见Aaron Donovan, "Education as Investment, Really". *New York Times*, January 6, 2002.

[51] Gordon C. Winston, "Why Can't a College Be More Like a Firm?" *Change*, September/October, 1997, and George Winston, "New Dangers in Old Traditions: The Reporting of Economic Performance in Colleges and Universities," *Change*, January/February, 1993.

[52] 该引文和其他来自Winston的内容均来自"Why Can't a College?"

第三章　公司文化特征

[1] Thorstein Veblen, *The Higher Learning in America* (New York: Sagamore Press, 1918, 1957), 62—64.

[2] James F. Slevin, "Keeping the University Occupied and Out of Trouble" in "The University of Excellence," *The ADE Bulletin*（英语系协会公告）, Number 130, Winter 2002, 51.

[3] Bill Readings, *The University in Ruins* (Cambridge: Harvard University Press, 1996).

[4] Readings, *The University in Ruins*, 24.

[5] Alexander Astin, *Assessment for Excellence: The Philosophy and Practice of Assessment and Evaluation in Higher Education* (New York: American Council on Education and Macmillan, 1991), 199.

[6] Thomas Bender, "Politics, Intellect, and the American University," in Thomas

Bender and Carl Schorske, eds., *American Academic Culture in Transformation* (Princeton: Princeton University Press, 1998)9,47.

[7] Clyde Barrow, *Universities and the Capitalist State: Corporate Liberalism and the Reconstruction of American higher Education, 1894—1928* (Madison: University of Wisconsin Press, 1990), 14.

[8] 有人认为应对被传媒广泛应用的"dominant ideology(主流意识形态)"有一个确切的定义,可见 John B. Thompson 的 *Ideology and Modern Culture*(Stanford University Press, 1990), 92—96.

[9] Ibid., 19.

[10] Ibid., 26.

[11] John Guillory, *Cultural Capital: The Problem of Literary Canon Formation* (Chicago: University of Chicago Press, 1993).

[12] Thompson, *Ideology and Modern Culture*, 11.

第四章 教职员和劳动力分工

[1] Louis Menand, "The Limits of Academic Freedom," Louis Menand, ed., *The Future of Academic Freedom* (Chicago: University of Chicago Press, 1996), 4.

[2] 引自"Education Life," *New York Times*, Sunday, January 4, 1998, 33.

[3] Catherine R. Stimpson, "Activist Trustees Wield Power Gone Awry," *Chronicle of Higher Education*, January 16, 1998, B4—B5.

[4] Marvin Lazerson, "Who Owns Higher Education? The Changing Face of Governance," *Change*, March/April 1997, 12.

[5] David Harvey, *The Condition of Postmodernity* (Oxford: Basil Blackwell, 1989, 1990), 101—03.

[6] Michael Katz, *Reconstructing American Education* (Cambridge: Harvard University Press, 1989), 164.

[7] Ibid., 37.

[8] Ibid., 165—66.

[9] Ibid., 167.

[10] Ibid., 178.

[11] Clyde Barrow, *Universities and the Capitalist State* (Madison: University of Wisconsin Press, 1990), 10—11.

[12] John B. Thompson, *Ideology and Modern Culture* (Palo Alto: Stanford University Press, 1990), 10.

[13] Daniel Bell, *The Cultural Contradictions of Capitalism* (New York: Basic Books, 1996), 14.

[14] Ibid., 283—84.

[15] U. S. Department of Education, *Digest of Education Statistics*, *1977*, table 250.

[16] Alan Ryan, *Liberal Anxieties and Liberal Education* (New York: Hill and Wang, 1998), 183—84.

[17] Michael Sandel, *Democracy's Discontent: America In Search of a Public Philosophy* (Cambridge: Harvard University Press, 1996), 4.

第五章 通识教育的理想

[1] Bruce Kimball, *Orators and Philosophers: A History of the Idea of Liberal Education* (New York: College Entrance Examination Board, 1995), 4.

[2] Ibid., 4.

[3] Ibid., 6.

[4] Ibid., 7.

[5] 对相关问题的讨论可参见 Richard A. Lanham, *The Electronic Word: Democracy, Technology, and the Arts* (Chicago: University of Chicago Press, 1993. The quotation from Richard McKeon's *Rhetoric: Essays in Invention and Discovery*, ed. Mark Backman (Woodbridge, Conn.: Ox Bow, 1987), 18, is on p. 166 of Lanham's book.

[6] John Henry Cardinal Newman, *The Idea of a University* (1852; New York; Doubleday, 1959), 195.

[7] Ibid., 145—46.

[8] Ibid., 191—92.

[9] Ibid., 137.

[10] Ibid., 146.

[11] Ibid., 192.

[12] John Dewey, "Logical Conditions of a Scientific Treatment of Morality," in Reginald D. Archambault, ed., *John Dewey on Education: Selected Writings* (Chicago: University of Chicago Press, 1974), 52.

[13] Cotton Mather, *History of Harvard* (1702), in Richard Hofstadter and Wilson Smith, eds., *American Higher Education: A Documentary History* (Chicago: University of Chicago press, 1961)113—19.

[14] 见 Hofstadter and Smith, *American Higher Education*, 275—91.

[15] Gerald Graff, *Professing Literature: An Institutional History* (Chicago: University of Chicago Press, 1987).

[16] Thomas Bender, "Politics, Intellect, and the American University," in Thomas Bender and Carl Schorske, eds., *American Academic Culture in Transformation* (Princeton: Princeton University Press, 1998), 17.

[17] Ibid., 22.

[18] Ibid., 46.

第六章　知识、现代性和实用主义

[1] 见 Ernest L. Boyer, *College: The Undergraduate Experience in America* (New York: Harper and Row, 1987); id., *Scholarship Reconsidered: Priorities of the Professoriate* (Princeton: Carnegie Foundation for the Advancement of Teaching, 1990); W. B. Carnochan, *The Battleground of the Curriculum: Liberal Education and American Experience* (Stanford: Stanford University Press, 1993); Jerry G. Gaff, *General Education Today: A Critical Analysis of Controversies, Practices, and Reforms* (San Francisco: Jossey-Bass, 1983) id., *New Life for the College Curriculum: Assessing Achievements and Furthering Progress in the Reform of General Education* (San Francisco: Jossey-Bass, 1991); Darryl J. Gless and Barbara Herrnstein Smith, eds., *The Politics of Liberal Education* (Durham: Duke University Press, 1992); Gerald Graff, *Beyond the Culture Wars: How Teaching the Conflicts Can Revitalize American Education* (New York: W. W. Norton, 1992); Bruce Kimball, *Orators and Philosophers: A History of the Ides of Liberal Education*, 2d ed. (New York: College Entrance Examination Board, 1995); id., *The Condition of American Liberal Education*: Pragmatism and a Changing Tradition, Robert Orrill, exec. ed. (New York: College Entrance Examination Board, 1995); *The Challenge of Connecting Learning* from the project on Liberal Learning, Study-in-Depth, and the Arts and Sciences Major (Washington, D. C.: Association of American Colleges, 1991).

[2] 1995 年，Bruce Kimball 列出一个清单："在通识教育中追求卓越的 7 种开发

……有概念上和历史上的根源，或者实用主义中的基本原理……多元文化主义，价值和服务，社区和公民权，以及学院和其他层次的教育体系之间的所谓普通教育，教学被解释为学习、探究和评估。”（Kimball, *The Condition of American Liberal Education*, 97）。

[3] Ibid.

[4] Stanley Aronowitz, *The Knowledge Factory: Dismantling the Corporate University and Creating True Higher Learning* (New York: Beacon Press, 2001).

[5] “Washington to Congress on a National University, 1790, 1796” Richard Hofstadter and Wilson Smith, eds., *American Higher Education: A Documentary History* (Chicago: University of Chicago Press, 1961) 1:157—58.

[6] Frederick Rudolph, “Consumerisum in Higher Education,” *Liberal Education* (the Association of American Colleges 出版), Summer 1993, 6.

[7] Martha Nussbaum, *Cultivating Humanity: A Classical Defense of Reform in Liberal Education* (Cambridge: Harvard University Press, 1997), 9—11.

[8] Dale Neef, *The Knowledge Economy* (Boston: Butterworth-Heinemann, 1998), 2—3.

[9] Peter F. Drucker, *Post-Capitalist Society* (New York: HarperBusiness, 1993), 211—16.

[10] Ibid., 46.

[11] Ibid., 216—18.

[12] Ibid., 214.

[13] 见 Kimball 等著 *The Condition of American Liberal Education.*

[14] John Dewey, “School Conditons and the Training of Thought,” in Reginald D. Archambault, ed., *John Dewey on Education: Selected Writings* (Chicago: University of Chicago Press, 1974), 52.

[15] In *John Dewey on Education*, 427—39.

[16] John Dewey, *Human Nature and Conduct* (1922; New York: Random House, 1950), 205—06.

[17] John M, Ellis, “Poisoning the Wells of Knowledge,” *New York Times*, Saturday, March 28, 1998, A 25. 参见 Ellis’s *Literature Lost: Social Agendas and the Corruption of the Humanities* (New Haven Yale University Press, 1999).

[18] Daniel Bell, *The Cultural Contradictions of Capitalism* (New York: Basic Books,

1976, 1996), 37.

[19] Frank Rich, "Lord of the Flies," *New York Times*, Saturday, March 28, 1998: A25.

第七章　民主教育

[1] Elizabeth A. Kelly, *Education, Democracy, and Public Knowledge* (Boulder: Westview Press, 1995), 88—89, 95—96. 引自 Vaclav Havel is from his "I Take the Side of Truth: An Interview with Antoine Spire", in *Open Letters: Selected Writings, 1965—1990* (New York: Vintage Books, 1992), 248.

[2] Daniel Bell, *The Cultural Contradictions of Capitalism* (New York: Basic Books, 1996), 36.

[3] Richard Rorty, "Does Academic Freedom Have Philosophical Presuppositions?" Louis Menand, ed., *The Future of Academic Freedom* (Chicago: University of Chicago Press, 1966), 34.

[4] Giovanni Sartori, *The Theory of Democracy Revisited: Part Two—The Classical Issues* (Chatham, N. J., Chatham House, 1987), 506.

[5] Henry Giroux, "Liberal Arts Education and the Struggle for Public Life: Dreaming About Democracy," in Darryl J. Gless and Barbara Herrnstein Smith, eds. *The Politics of Liberal Education* (Durham: Duke University Press, 1992), 39.

[6] 见Amy Gutmann, *Democratic Education* (Princeton: Princeton University Press, 1987); Michael B. Katz, *Reconstructing American Education* (Cambridge: Harvard University Press, 1987); James Tarrant, *Democracy and Education* (Aldershot, U. K.: Gower, 1989); Elizabeth Kelly, *Education, Democracy, and Public Knowledge* (Boulder: Westview, 1995); Stanley Aronowitz and Henry A. Giroux, *postmodern Education: Poitics, Culture, and Social Criticism* (Minneapolis: University of Minnesota Press, 1991); Benjamin Barber, *An Aristocracy of Everyone* (New York: Ballantine Books, 1992); Ira Shor, *Empowering Education* (Chicago: University of Chicago Press, 1992); David Steiner, *Rethinking Democratic Education* (Baltimore: Johns Hopkins University Press, 1994); Bruce Kimball, *Orators and philosophers: A History of the Idea of Liberal Eduzation* (New York: College Board, 1995); Bruce Kimball et al., *The Condition of American Liberal Education: Pragmatism and Changing Tradition* (New York: College Board, 1995); Robert Orrill,

exec. edito, *Education and Democracy*: *Reimagining Liberal Learning in America* (New York: College Board, 1997); Martha C. Nussbaum, *Cultivation Humanity*: *A Classical Defense of Reform in Liberal Education* (Cambridge: Harvard University Press, 1997).

[7] Gutmann, *Democratic Education*, 14.

[8] Henry Giroux, "Introduction: Critical Education or Training: Beyond The Commodification of Higher Education," in Henry A. Giroux and Kostas Myrsiades, eds, *Beyond the Corporate University*: *Culture and Pedagogy in the New Millennium* (Lanham, Md.: Rowan and Littlefield, 2001), 6.

[9] Gutmann, *Democratic Education*, 306, 309.

[10] Barber, *Aristocracy of Everyone*.

[11] Gutmann, *Democratic Education*, 287.

附　录

大学的人文精神与商业化的冲突

北京大学哲学系　尚　杰

当前,中国大学的改革进入了一个转折点。中国未来大学的状况,将决定国家未来的命运。中国的大学正在做着史无前例的事情,遗憾的是,在这方面,国内相应的研究成果却很匮乏。与此形成对比的是,国外对大学本身的研究已经有相当深度,美国丹佛大学教授古尔德所著《公司文化中的大学》,非常值得一读。

这不是一本学究性的思辨著作,作者本人也是一位高校行政管理人员,他十分了解当代美国大学情况,书中提出的各种问题,几乎都有相应的数据统计。这也不是一本简单的高校行政人员手册,古尔德教授又是一位有人文素养的学者,他提出了很多非常值得中国大学的管理者们深思的问题。

美国已经进入了一个后现代社会,美国的大学,也就顺理成章地应该被叫做后现代的大学。后现代的大学是什么样子呢?它暴露出哪些矛盾呢?此书给我最深刻的印象,是作者把美国现在的大学称作"公司文化中的大学"。大学里的文化成为"公司文化",这是大学的危机,还是后现代大学发展的一个特征,一个发展契机?作者并没有给予简单的肯定或否定,而是实事求是地分析当代大学与传统大学的差别,暴露所存在的问题,留给读者做进一步的思考。

美国是一个市场经济高度发达的国家,市场经济对大学产生了不可估量的影响,影响到大学的办学方向、教什么、怎么教等等一系列重要问题。总之,大学为了自身的发展,就要服务于市场,为社会培养人才好像被等同于为市场培养各种等级的劳动者。这种市场效应使大学只注意"有用"的知识和技能,从而使大学越来越像一个公司,一个"学习的公司",一个"培训班"。我们这样说,只是一种非常简单的归纳,实际的情形可能比这复杂得多,但是,有一点却是不可否认的,美国大学的市场经济倾向,非常强烈地对西方大学古老的人文精神传统的权威性提出了挑战。市场经济和人文精神,究竟哪一方需要改变?如何改变?如何把专业技能培训与学术研究协调起来?如何把具有交易价值的知识与具有文化价值的知识协调起来?所有这些问题不解决,教育为社会服务就是一句空话。

作者并没有简单地为大学中人文精神渐渐丧失而痛心疾首,他注意到这样一个事实:现在的大学,更注意有交易价值的知识,而少注意有抽象意义的人文知识。学生更少关注人文价值,对人文课程的评价很低;另一方面,从商界管理人那里,却传来了另外一种声音。这些管理人对文科教育比大学生及其家长们更有信心,因为商界管理人发现,比技能本身更重要的,是辨证思维的能力、读写能力、发现和解决普遍性问题的能力、人际关系的协调能力、对文化的欣赏品味、全球视野,等等。这些,正是人文课程致力解决的问题。

这就暴露出一个严峻的问题,今天大学对人文课程的轻视,可能来自于人文课程本身没有满足市场的需要。具体说,市场需要人文科学"与时俱进",改变人文课程不适应社会的部分,这才是问题的关键。与具有交换价值的知识课程比起来,人文知识课程和教材明显落后于时代,学生们再也不想听那些过了时的陈词滥调,而学生的这种态度是有道理的。因此,作者认为当前大学的道义危机,其实是人文科学本身的危机。大学中暴露出的各种严重问题,其性质都在人文科学领域:大学应该学会对自身的一种批判意识,改革大学自身的官僚体制,使大学的管理不是专制性的,而是更为民主。

围绕以上的话题,作者与读者一起讨论了一些对中国大学很有现实意义的话题:大学的商业化倾向,他称作“大学的消费主义文化”。比如螺旋式上升的学费、大学似乎正在变成一个生意场、更像一个公司。大学的文化,越来越像是“公司文化”,但是,这个“公司”,以垄断知识为自己的资本,更像是一种文化的霸权。与此相适应,今天大学里盛行“公司主义”,教员生活更像是公司职员,如此等等。这些,基本就是全书上半部分的内容。书的下半部分,与重建人文精神有关,作者考察了人文教育(书中称“通识教育”)在美国的情况,追溯了西方人文精神的哲学传统与启蒙传统,认为这些传统面临着革新:一方面,要与美国的本土文化结合起来,这就是实用主义精神;另一方面,也是更为重要的方面,就是大学本身面临着民主化,把人文教育或“通识教育”转变为民主教育,研究“为了保证成功而对头脑的培训——因为我们不能不重视‘头脑’——是怎么回事,头脑中有什么特别的习惯能推动思考并创造价值而不是仅仅买进那里的东西”。作者总结了民主教育必须要做的三件事:这种教育要有利于社会的公正,尽管它不能保证社会的公正;培养辩论与批判的能力;参与民主的社会进程。

作者针对的是美国大学目前状况,并不完全适合中国高等教育的实际,但是,书中讨论的,都是中国大学目前正在经历或将来需要解决的重要课题,所以,关心高等教育的读者,很有必要读读这本《公司文化中的大学》

“学习的公司”与学位的价格

北京电影学院文学系　杜庆春

在一间教室里,一位老师讲述自己的生命体验,对于教育而言应该是非常重要的环节,甚至是最重要的环境。比如,在孔子的时代,“暮春者,春服既成,冠者五六人,童子六七人,浴乎沂,风乎舞雩,咏而归”,这是一种教育的境界,这种境界也存在于苏格拉底时代的古希腊。如今,一个老师在教学检查中,或许被要求在“组织了什么课外活动”一栏下面写下“春游”二字。时间跨过了几千年,都是在春天出游这件事情,但是境界已经天壤之别了,或者说“教育”已经古今异趣了。

现今,一位老师如果遇到一个不热爱学习的学生,这个学生关心的是如何学到一门迅速致富的手艺,也就是他有着很清晰的“金钱欲望”,但是与此吊诡的是,他的所有学费和生活费用很可能又都来自比较小康的家庭,也就是他并没有太多的经济压力。这位老师也许会很无奈地说:“你可以把学习看成投资,你得到每一个学分可以折算出它的单价,所以你应该珍惜你的投资,上课认真一点。”用这种方式期望可以在“金钱层面”获得共鸣,这真是无奈了!在各种大学里面,也许学生心目中早已经换算出一个非常清晰的单价表,选“艺术概论”、“艺术理论”、“世界文明史”诸如此类的课程,老师觉得你选了这种“无实际意义”的课程就是给足面子了,于是考勤和考试都很松弛,所以对于学生来说这种学分也就最为超值了。

上面提及的学分“最超值”的课程,也正是无数教育大家最为珍视的“通识教育”(liberal education)的组成部分。关于“通识教育”这个外来名词的内涵,在中国教育界认识比较清楚的,清华大学校长梅贻琦先生肯定是其中一员。早在1941年,他在著名的《大学一解》中谈道:“通识,一般生活之准备也;专识,特种事业之准备也。通识之用,不止润身而止,亦所以自通于人也。信如此论,则通识为本,而专识为末。社会所需要者,通才为大,而专家次之。以无通才为基础之专家临民,其结果不为新民,而为累民,此通专并为恰当之说也。”“通识之授受不足,为今日大学教育之一大通病。”可见这个矛盾,在中国这个很晚才产生近代西式教育的国度也是一个“老大难”问题。

探讨大学之道,少不了要研究这个“老大难”问题。身为学者,又是一位大学教育行政人员,美国丹佛大学教授埃里克·古尔德写了一本专著《公司文化中的大学》来探讨这个问题。作者一开始也引用了维布伦在1918年的一个预见性的提法,大学如何变成了一个“学习的公司”,说明了这个问题的“久远”。而后,古尔德从后现代的消费主义思潮、现代性的发生、“通识”在古典时代的发展和知识经济的经济学观念诸多视角全面透视当代美国大学教育的问题。全书可贵之处在于始终聚焦于一个历史大背景:在百年工业经济兴起的过程中,美国的高等教育发展成为日益复杂的资本主义经济。在这个大背景中,“市场经济对我们界定通识文理科目也产生了影响,尤其是对本科阶段的教育影响更大”。于是,随着市场霸权的扩张,在整个美国大学学生入学体系中,学位本身沦为商品,完全依赖“需求和市场承受度标价”。

在美国的高等教育中,古尔德认为最为核心的矛盾是关于“通识教育”的界定的矛盾。古尔德在本书中“主要探讨美国大学的市场经济如何强有力地向通识文科学科的权威性发起了挑战,同时也要探讨我们如何修正通识教育的一些基本原则,开发出更强大、更连贯的大学阶段的**民主通识教育**体系”。古尔德看出,“大学的文化矛盾实际是自由资本主义民主本身文化矛盾的征兆”。作者认为大学看似是为了解决此问题而诞生的，至少是美国的现代大学设立的目的是如此，但是不幸的是，大学却成了这个矛盾的一部分。作者在这种批判性的分析之后也无法提供解决之道，而只能在对古典主义的通识教育的理想进行回顾中，强调批评态度本身的重要性。教育的根本意义就是反思和批评，在此处，福柯晚年最后的研究成为古尔德焦虑的深层次注解，福柯最终强调知识分子对苏格拉底的“关心自己”的主题的回归，其实就是反思了现代教育对“主体”塑造的积弊。

《公司文化中的大学》是一部力求充满历史纵深和宏观俯瞰的论“大义”的书籍，但是一味讨论“大义”多少让人有“看人云上斗”的感觉。不如在此处添一学人典故，只论做学问的“通专”问题。费正清先生是美国的中国研究巨匠，在谋得资金、组织学人队伍和科学项目上也是著名的“学术企业家”。他曾对著名史学家何炳棣说过很精彩的话：“我总劝我的学生求知应该广博，论文选题却不妨专狭。”从专狭小处入手，我们或许更能和一些以实用主义看待此问题的人沟通，“通识”的“大义”，如果有着实务层面的数字支持，或许就更能说明问题。

在“实用主义”与“人文主义”之间

中国社会科学院哲学所　刘悦笛

当前,中国的“大学体制”面临强劲的“市场化”的挑战之时,美国学者埃里克·古尔德的这本《公司文化中的大学》可谓“生逢其时”。因为在我们的大学改革进入“攻玉”阶段的时候,“它山之石”的借鉴作用可谓大矣!

按理说,“市场化”对美国大学来说早就成为了老问题,或者说根本就“不成其为问题”。但事实是,“大学-市场”的张力在美国并没有得到很好的解决,这在埃里克·古尔德所呈现的美国教育现象中尽显无遗。换言之,在市场与大学之间如何找到最佳的“平衡点”?作者试图指出一条新途。

无论是“高度发达”的(如美国)还是“初步发展”的(如中国)市场经济社会,“教育理想”与“市场动力”的交互作用,都是棘手的难题。因为在某种意义上,这两个方面确实是“水火难容”的,这从作者对大学所要生产的“两种知识”可以找到根基。一方面,大学必须要生产“商品知识”供学生消费,这种知识就是在工作中发挥直接作用的知识,包括职业培训和为职业培训做准备的培训、发明及专利等;另一方面,大学遵循传统必然要生产“象征性知识”供学生分享,这种知识就是价值观判断、道德伦理、文化、审美、哲学思辨以及与思想科学相关的知识。

这两方面形成的紧张关系,是始终存在的。如果单凭“学术性和象征性知识”的现代认知,大学在现代市场社会结构里显然并不能栖身,而只受市场驱动而单纯地保留“市场价值”知识的唯一性,大学及其悠久传统所保有的“人文价值”就必被无情消解。这种冲突被古尔德形容为另一种“文化战争”。

其中,古尔德特别关注的是“通识文科”和“人文学科”知识的现代命运,尤其是在越来越“市场化”的美国大学中的命运。就此而言,古尔德既非一位死死抱住“传统通识教育模式”不放的保守主义者,也不是一位主张干脆抛弃通识教育的激进主义者,而是力图在两者之间走一条折中的路。他反对将大学的通识教育看做教职工为了让自己和学生远离商学院而独立存在的“象牙塔”,而是要在更广泛的前后关联和文化环境中,来重新定位一种新的“通识教育”。

由此,作者提出了两点革新的理念,都针对着传统通识教育的“死穴”。其一是“通识教育仍不留情面地保留着专业化和以课程为中心的做法”,对此,要开拓出跨学科主题和综合性课题上的思路,要针对重大社会及学术问题设计出跨学科的解决方案,以避免过分沉溺于专业主义之中。其二是通识教育(liberal education)中的“liberal”一词的意义多元化而难以被确定,从而很难达成“主体间”的普遍赞同和一致,由此产生的问题更是错综复杂。美国尽管一直强调高等教育和社会价值观之间的关联,这本无可厚非,但遗憾的是,却将这些价值观委托给了高等教育的“教育市场”和“公司式的宣传实践”。这样,在美国就没有开发出和使命相联系的并被广泛接受的关于通识教育的“综合理论”。同时,随着现代大学的兴起,欧洲旧式古典神学院的文化价值观早就失去了统治地位。如此一来,旧的已经无情地逝去,新的却仍未建立起来,这正是美国大学理念(包括通识教育之道)所直面的“夹缝中生存”的历史境遇。

面对这种悖谬的境遇,古尔德在美国本土传统中找到了得以重建的思想资源。这就是美国哲学家和教育学家杜威曾经倡导的“实用主义的人文主义”。

人文主义是欧洲的历史传统,在通识教育中得以尽显,强调的是以“人”为本的主体性思想;实用主义是美国的本土传统,在专业主义和实用知识的生产中得到体现,强调的是直达“目的”的实用理念。这两方面的结合,正是在杜威身后所要走出的美国式道路——“实用主义的人文主义化”或“人文主义的实用主义化”。然而,这种思路却一度被“知识经济”时代的主流理论所抛弃,古尔德在此的“旧话重提”无疑具有重要的意义,它可以反拨一味强调知识理性而忽视人文建构的主导思潮。

因为,在当代美国大学中,“象征意义价值”与“交易价值”的生产都是不可或缺的。或者说,这两方面的确是并存的,它们共同铸就了美国大学的所谓“复合型使命”。只要承载这种使命,就既不能忽视了人文学术知识的传承,从而积极推动今天的“自由人文主义”,也不能不顾市场规则的制约,从而符合“功利主义理性”。这或许才是一条适合美国自身发展的“大学-市场”的共赢之路。

如此生发开来,中国的大学与市场之间,究竟该形成一种什么样的张力关系呢?显然,完全地向市场“倒戈”并不足取,这样做的恶果如今日益凸现,但是,仍按照传统人文教育的保守模式去发展,也并不能与时俱进。无疑,这两方面的问题在当今中国都是严重存在的。因此,能否在中国本土的“实用理性”与大学理应承当的“人文精神”之间,走出一条既适应市场规律又不悖离人文理念的崭新的“大学之道”?这就不仅仅是思辨的理论问题,更重要的在于如何走好脚下的路。中国大学的“复合型使命”的确任重而道远。

北京大学出版社教育出版中心

部分重点图书

一、北大高等教育文库·大学之道丛书

大学的理念	[英]亨利·纽曼 著
德国古典大学观及其对中国的影响(第三版)	陈洪捷 著
哈佛,谁说了算	[美]理查德·布瑞德利 著
美国大学之魂(第二版)	[美]乔治·M.马斯登 著
大学理念重审:与纽曼对话	[美]雅罗斯拉夫·帕利坎 著
什么是博雅教育	[美]布鲁斯·金博尔
美国文理学院的兴衰——凯尼恩学院纪实	[美]P.E.克鲁格
高等教育公司:营利性大学的崛起	[美]理查德·鲁克 著
学术部落及其领地	[英]托尼·比彻等 著
公司文化中的大学	[美]埃里克·古尔德 著
美国现代大学的崛起	[美]劳伦斯·维赛 著
大学的逻辑(第三版)	张维迎 著
我的科大十年(续集)	孔宪铎 著
教育的终结——大学何以放弃了对人生意义的追求	[美]安东尼·克龙曼 著
欧洲大学的历史	[美]威利斯·鲁迪 著
美国高等教育简史	[美]约翰·赛林 著
哈佛通识教育红皮书	[美]哈佛委员会 著
知识社会中的大学	[美]杰勒德·德兰迪 著
高等教育理念	[美]罗纳德·巴尼特 著
知识与金钱——研究型大学与市场的悖论	[美]理查德·布瑞德雷 著
美国大学时代的学术自由	[美]罗杰·盖格 著
高等教育何以为"高"——牛津导师制教学反思	[英]大卫·帕尔菲曼 主编
美国高等教育通史	[美]亚瑟·科恩 著
现代大学及其图新	[英]谢尔顿·罗斯布莱特 著
印度理工学院的精英们	[印度]桑迪潘·德布 著
麻省理工学院如何追求卓越	[美]查尔斯·韦斯特 著
后现代大学来临?	[英]安东尼·史密斯 弗兰克·韦伯斯特 主编
高等教育的未来	[美]弗兰克·纽曼 著
学术资本主义	[美]希拉·斯劳特等 著
美国公立大学的未来	[美]詹姆斯·杜德斯达等 著
21世纪的大学	[美]詹姆斯·杜德斯达 著
理性捍卫大学	眭依凡 著
美国高等教育质量认证与评估	[美]美国中部州高等教育委员会 编

大学之用（第五版） [美]克拉克·克尔 著
废墟中的大学 [加拿大]比尔·雷丁斯 著
高等教育市场化的底线 [美]大卫·L.科伯 著
世界一流大学的管理之道——大学管理决策与高等教育研究 程星 著
美国的大学治理 [美]罗纳德·G.艾伦伯格 编

二、21世纪高校教师职业发展读本

教授是怎样炼成的 [美]唐纳德·吴尔夫 著
给大学新教员的建议 [美]罗伯特·博伊斯 著
学术界的生存智慧 [美]约翰·达利等 著
如何成为卓越的大学教师 [美]肯·贝恩 著
给研究生导师的建议 [英]萨拉·德兰蒙特等 著
如何提高学生学习质量 [英]迈克尔·普洛瑟等 著

三、北大高等教育文库·学术规范与研究方法丛书

如何成为优秀的研究生(英文影印版) [美]戴尔·F.布鲁姆等 著
如何撰写与发表社会科学论文：国际刊物指南(第二版) 蔡今中 著
科技论文写作快速入门 [瑞典]比约·古斯塔维 著
给研究生的学术建议 [英]戈登·鲁格 玛丽安·彼得 著
如何为学术刊物撰稿：写作技能与规范(英文影印版) [英]罗薇娜·莫瑞 著
如何撰写和发表科技论文(英文影印版) [美]罗伯特·戴 巴巴拉·盖斯特尔 著
社会科学研究的基本规则 [英]朱迪思·贝尔 著
如何查找文献 [英]莎莉·拉姆奇 著
如何写好科研项目申请书 [美]安德鲁·弗里德兰德 卡罗尔·弗尔特 著
高等教育研究：进展与方法 [美]马尔科姆·泰特 著
教育研究方法：实用指南 [美]乔伊斯·P.高尔等 著
社会研究：问题、方法与过程 [英]迪姆·梅 著
跨学科研究：理论与实践 [美]艾伦·瑞普克 著
社会科学研究方法100问 [美]尼尔·萨尔金德 著
如何利用互联网做研究 [爱尔兰]尼奥·欧·杜恰泰 著
如何成为学术论文写作高手——针对华人作者的18周技能强化训练 [美]史蒂夫·华莱士著
参加国际学术会议必须要做的那些事——给华人作者的特别忠告 [美]史蒂夫·华莱士著

四、北大开放教育文丛

西方的四种文化 [美]约翰·W.奥马利 著
人文主义教育经典文选 [美]C.W.凯林道夫 编
教育究竟是什么？——100位思想家论教育 [英]乔伊·帕尔默 主编
教育：让人成为人——西方大思想家论人文和科学教育 杨自伍 编译
我们教育制度的未来 [德]尼采 著

五、高等教育与全球化丛书

激流中的高等教育：国际化变革与发展	[加拿大]简·奈特 著
全球化与大学的回应	[美]简·柯里 著
高等教育变革的国际趋势	[美]菲利普·阿特巴赫 著
高等教育全球化：理论与政策	[英]皮特·斯科特 著
发展中国家的高等教育：环境变迁与大学的回应	[美]戴维·查普曼 安·奥斯汀 主编

六、北京大学研究生学术规范与创新能力建设丛书

法律实证研究方法(第二版)	白建军
学位论文撰写与参考文献著录规范	段明莲
传播学定性研究方法	李琨
生命科学论文写作指南	白青云
学位论文写作与学术规范	肖东发、李武
学术训练与学术规范——中国古代史研究入门	荣新江

七、科学元典丛书

天体运行论	[波兰]哥白尼 著
关于托勒密和哥白尼两大世界体系的对话	[意]伽利略 著
心血运动论	[英]哈维 著
笛卡儿几何(附《方法论》《探求真理的指导原则》)	[法] 笛卡儿 著
自然哲学之数学原理	[英]牛顿 著
牛顿光学	[英]牛顿 著
惠更斯光论(附《惠更斯评传》)	[荷兰]惠更斯 著
怀疑的化学家	[英]波义耳 著
化学哲学新体系	[英]道尔顿 著
化学基础论	[法]拉瓦锡 著
海陆的起源	[德]魏格纳 著
物种起源(增订版)	[英]达尔文 著
人类在自然界的位置(全译本)	[英]赫胥黎 著
进化论与伦理学(全译本)(附《天演论》)	[英]赫胥黎 著
热的解析理论	[法]傅立叶 著
狭义与广义相对论浅说	[美]爱因斯坦 著
薛定谔讲演录	[奥地利]薛定谔 著
基因论	[美]摩尔根 著
从存在到演化	[比利时]普里戈金 著
地质学原理	[英]莱伊尔 著
人类的由来及性选择	[英]达尔文 著
人类和动物的表情	[英]达尔文 著
条件反射——动物高级神经活动	[俄]巴甫洛夫 著
大脑两半球机能讲义	[俄]巴甫洛夫 著
计算机与人脑	[美]冯·诺伊曼 著
希尔伯特几何基础	[德]希尔伯特 著
电磁通论	[英]麦克斯韦 著

居里夫人文选　[法]玛丽·居里 著
李比希文选　[德]李比希 著
关于两门新科学的交谈　[意大利]伽利略 著
世界的和谐　[德]开普勒 著
人有人的用处——控制论与社会　[美]维纳 著
人类与动物心理学讲义　[德]冯特 著
行为主义　[美]华生 著
心理学原理　[美]詹姆斯 著
玻尔文选　[丹麦]玻尔 著
遗传学经典文选　[奥地利]孟德尔等 著
德布罗意文选　[法]德布罗意 著
相对论的意义　[美]爱因斯坦 著

八、其他好书

向史上最伟大的导师学习　[美]罗纳德·格罗斯 著
大学章程(精装本五卷七册)　张国有 主编
教育技术：定义与评析　[美]艾伦·贾纳斯泽乌斯基等 著
未来的学校：变革的目标与路径　[英]路易斯·斯托尔等 著
美国大学的通识教育：美国心灵的攀登　黄坤锦 著
中国博士质量报告　中国博士质量分析课题组 著
博士质量：概念、评价与趋势　陈洪捷等 著
中国博士发展状况　蔡学军 范巍等 著
教学的魅力：北大名师谈教学(第一辑)　郭九苓 编著
科研道德：倡导负责行为　美国医学科学院、美国科学三院国家科研委员会 撰
国立西南联合大学校史(修订版)　西南联合大学北京校友会 编
我读天下无字书　丁学良 著
大学与学术　韩水法 著
大学何为　陈平原 著
科学的旅程　[美]雷·斯潘根贝格 [美]黛安娜·莫泽 著